La Civilización Chibcha

PRINTED IN COLOMBIA
IMPRESO EN COLOMBIA
EDITORIAL KELLY

MIGUEL TRIANA

La Civilización Chibcha

BIBLIOTECA
BANCO POPULAR
VOLUMEN 4

Bogotá - 1970

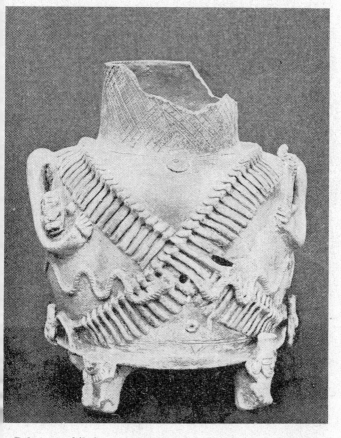

Pebetero chibcha (altura 34.50 ctms.; circunferencia 88 ctms.), encontrado en el Valle de Zaquenzipa entre la Villa de Leiva y Sutamarchán, Depto. de Boyacá.
(Pertenece a la Colección Arqueológica
del Banco Popular)

INTRODUCCION

Quienes creen abstractos y sin aplicación actual los estudios prehistóricos de que se ocupa este libro, no se han puesto a pensar que los indígenas de esta altiplanicie, pasados, presentes y futuros, son el fruto indefectible de la tierra y que hacia su forma física, intelectual y moral van en lucha más o menos dolorosa de adaptación y modificándose por el mestizaje los elementos de raza blanca que les disputan el campo. Si los Chibchas precolombinos disfrutaban de un apasible estado de civilización en el orden moral e intelectual por haber equilibrado con el medio su complexión física, es seguro que merced a los beneficios del cambio de ideas que les ofreciera el trato y la comunicación con otros pueblos más adelantados, bajo un régimen de cordialidad comercial de todo orden, hubieran sido capaces de asimilarse una civilización superior, creciente y sólida, por la incrementación de sus conocimientos y por la rectificación diaria de sus modalidades. Si, encerrados dentro de fronteras estrechas sin comunicaciones de intercambio mental con otros pueblos a través de largos siglos de aislamiento pudieron concebir un sistema del universo de apariencia racional; si coordinaron una teogonía de alcances morales; si lograron un concepto idiomático filosófico; si idearon una forma de expresión gráfica para perpetuar las ideas; si perfeccionaron sus industrias necesarias y llegaron a establecer el régimen monetario; si reglamentaron el principio de propiedad y establecieron sanciones contra sus detentadores; si sintieron la moralidad de la vida y decretaron un código de conducta; si fundaron el gobierno sobre el principio de autoridad; en una palabra, si se constituyeron en nación como entidad consciente, echaron las bases sólidas de una civilización creciente e indefinida, prolegómenos por que pasaron todos los pueblos del mundo que han alcanzado después, mediante la comunicación mental y el tráfico comercial con otros pueblos, los signos de cultura que hoy admiramos en las naciones más adelantadas.

El objeto inmediato de este libro es poner de manifiesto la génesis propia de las ideas matrices del pueblo chibcha, formado al tenor del terruño, bajo condiciones características de suelo y de atmósfera, las cuales continuarán indefinidamente como un troquel forjando un tipo humano sui géneris. Este libro pretende, en segundo término y como un fin mediato, echar las bases positivas de la sociología nacional, modeladas sobre la raza autóctona formada aquí por la geología y el clima, raza que se impondrá en nuestra demografía con los atavismos hereditarios, mediante el mestizaje, y por la colaboración de aquel troquel, persistente y eterno. La célula indígena que va infiltrándose en la sangre de los colonos de todos los tiempos cuenta para perpetuarse, prosperar y dominar, con la complicidad del medio físico. Lo que en recientes discusiones de biología social se llamó "degeneración de la raza" no es sino la confrontación de este proceso de infiltración indígena y de adaptación dolorosa, que ha venido a sorprender a la hora de éstas al hijo de lejanas latitudes que plantó aquí sus tiendas, sin contar con el medio extraño a sus hábitos.

Las relaciones de los cronistas de la Conquista no dan idea exacta del pueblo que encontraron los españoles en la altiplanicie. Ellas están plagadas de las más absurdas leyendas y carecen de informes positivos sobre el número de los pobladores, sobre sus costumbres, industrias y lenguaje. Minuciosas en datos sobre el mucho oro que recogieron aquí los conquistadores por el despojo y la rapiña, divagan en cuanto a ritos y creencias, atribuyendo al diablo sus consagraciones religiosas. Una crítica psicológica podría demostrar que el concepto de esta divinidad sombría era superior a la mentalidad de los escritores que de ella se ocuparon. En cuanto al idioma que recogió algún doctrinero en un vocabulario restringido al uso de las confesiones, es tan deficiente que no se encuentran en él las palabras más vulgares, como los días de la semana o los nombres de los meses, por ejemplo, al paso que se repiten en él los más contradictorios sinónimos. Falsean las relaciones de gobierno y comercio de los pueblos entre sí y niegan hasta la existencia de los caminos, para complacer la vanidad de los descubridores que cruzaron de a caballo el territorio en todas direcciones a fuer de maravillas imposibles. Otra ligera crítica del género excursionista podría poner de manifiesto los mil embustes de que están plagadas las tradiciones de los Quesadas. Los prodigios militares en que un español pone en fuga a quince mil indios de pelea y en que un grupo de 160 soldados domina una nación de dos millones de habitantes, dizque aguerridos en largas luchas bélicas entre tunjanos, guatavitas y bogotaes, en que salían al campo hasta sesenta mil combatientes, hacen sonreír a cualquier técnico que visite hoy los sitios donde sucedieron las batallas.

Sobre estas fuentes de información subsisten todavía en la actualidad comentadores que sostienen los más evidentes absurdos acerca del descubrimiento y la conquista del Nuevo Reino, sin un ligero espíritu de crítica. Y hay personas que creen en las maravillas, transmitidas por tradición, de que se valían los encantadores chibchas para amasar el oro, para curar las enfermedades o producirlas, para indagar telepáticamente los acontecimientos, para hacerse invisibles, para perforar socavones al centro de la tierra o penetrar los monolitos, a fin de ocultar allí sus tesoros. Actualmente un párroco del valle de Sogamoso está haciendo estallar la célebre piedra de Gámeza para extraerle un tesoro que se supone oculto en sus entrañas, y un indígena señor alcalde de Saboyá mandó reventar la piedra de este nombre, en busca de una gema valiosísima que según él dejaron los Chibchas escondida envuelta en capas de arenisca. Puedo asegurar que no hay piedra de las señaladas con jeroglíficos por los indios que no haya sido violada estúpidamente por los buscadores de tesoros. No han valido contra esta ciega destrucción de los únicos documentos auténticos de la civilización chibcha, las diligencias hechas para impedirlo por la Academia de Historia, y el caso ha llegado a conocimiento de las Sociedades sabias de Europa y Norteamérica, quienes deploran esta novísima forma de salvajismo entre los descendientes de los conquistadores españoles del Nuevo Mundo.

¿A qué se deben las fantásticas ideas, subsistentes aún, de los prodigiosos conocimientos de los indios? Sencillamente a que los españoles comprobaron que los naturales conocían los secretos de la tierra que los sustentó durante millares de años y se maravillaron de esta experimental sabiduría, la que les pareció tan profunda que la atribuyeron a artes del diablo. Brujos llamaron a los médicos yerbateros, y hechiceros a los sacerdotes encargados de los santuarios y seminarios. Reputado un pobre empírico de las elementales ciencias médicas y meteorológicas como intérprete de una entidad tan poderosa como la del diablo, según la teología católica, se acumulaban sobre él los más fantásticos poderes, concebidos por la imaginación popular. Y era, simplemente,

que los indios por herencias indefinidas conocían el suelo del país, sus cañadas y boquerones, para trasladarse rápidamente de un punto
a otro; conocían las aplicaciones de la tierra
para su mejor aprovechamiento agrícola; por
luenga experiencia habían deducido las aplicaciones terapéuticas e industriales de las plantas; como culto religioso observaban el sol y
la luna e interpretaban como órdenes divinas
su influencia en las cosechas; impulsados por
la necesidad, exploraban el subsuelo para derivar de sus productos los implementos industriales y las materias primas que demandaban
sus artes; y en suma, conservaban en cucas o
seminarios el tesoro de su ciencia. Eran, pues,
sabios en concepto del ignorante colono, quien
estimulaba su ceguedad en tierra extraña, re-
cargándose sobre los conocimientos e industrias de sus esclavos, a quienes tiranizaba y
embrutecía. El indio labraba la tierra de su
nuevo amo, el indio le tejía sus vestidos, el indio le explotaba su mina, el indio le transpor-
taba sus productos, el indio le prestaba sus
artificios y le servía de auxiliar malicioso en
sus aventuras: un indio ladino era como un
talismán de la fortuna para el español que lo
poseía.

Pero, quebrantado el régimen social que había creado este ingenioso producto; cerrados
los seminarios y perseguidos por los misioneros los adoradores del diablo y los conservado-
res de sus ritos; desorganizado el sistema económico de las industrias indígenas y desplaza-
dos sus órganos, la eficacia productiva del indio descendió a la mera aplicación de su fuerza
bruta y de su resistencia fisiológica, y del hombre inteligente se hizo una bestia de carga,
cuyo rendimiento aumentaba con el número
de azotes que recibía y con la merma cicatera
de su alimentación. Vinieron como primeras
consecuencias de este sistema tributario la fuga
a los montes, el suicidio en masa en los pe-

ñascos y cuevas inaccesibles, las epidemias despobladoras, la extenuación, la degeneración y el embrutecimiento de los sobrevivientes.

Para evitar la total destrucción de la raza indígena se dictaron leyes de protección y se les destinaron sitios de resguardo, en cuyas tierras trabajaban los indios para sí y para el señor a cuyo amparo se les agrupaba bajo el cuidado de la Encomienda. Se organizó así la esclavitud sobre una responsabilidad personal y se puso el interés egoísta del amo al servicio de la supervivencia del esclavo.

El trabajo de los indios en comunidades llegó a ser la única industria de los encomenderos para sostenerse y para enriquecerse. Crear o aumentar el personal de los Resguardos por medio de indios traídos de lejanas procedencias fue un lucrativo recurso y así se constituyó la industria de cazar indios en la llanura oriental y dondequiera que habían conservado su libertad para traerlos a los mercados con el nombre de macos. Los grandes feudos y latifundios de los españoles se poblaron con macos, cuyo trabajo forzado servía para constituir ricas haciendas.

Aparte del servicio sexual que es notorio en las haciendas entre patrones y mozas de la gleba, el señor de la finca y el encomendero del Resguardo se reservaban para oficios domésticos que degeneraban en otros oficios mormónicos, los mejores productos femeninos del vecindario y así prosperó rápidamente el mestizaje salvador de la demografía, pero también prostituidor de la mujer indígena.

Los hijos sin padre, crecidos a la intemperie, hambreados y harapientos que lloran bajo el alero del rancho en compañía de un gozque flaco como único guardián, mientras la madre trabaja a jornal en el lejano barbecho para suministrarles por la noche una ración de mazamorra; tal ha sido en lo general la base de la familia indígena en nuestros campos desde la época de la Conquista. Cuatrocientos años de esta germinación social, durante la Colonia y en peores condiciones, como voy a comprobarlo, durante la República, debieron arrasar, debilitar y prostituír una raza robusta, cuyas virtudes y energías quedan comprobadas con la mera supervivencia de un gran número de ejemplares y con las condiciones de moralidad que los adornan.

No abona al buen criterio del observador para apreciar las condiciones del indio actual, el espíritu de raza dominadora y superior que ciega y fanatiza al amo cruel. Sin la benevolencia y simpatía que establece un vínculo de sensibilidad por el cual se transmiten a nuestra alma las penas ajenas, no es posible que el victimario comprenda los dolores que está infligiendo a su víctima, y cuando se trata del dominio de razas por derecho de conquista, aquella indolencia llega a ser inconsciente y quiere justificarse a título de superioridad. El patrón que obliga sus dependientes a un trabajo excesivo y que no les paga equitativamente; el que los castiga y ultraja; el que los explota codiciosamente, imponiéndoles condiciones gravosas en sus conciertos; el que los reduce a la ignorancia, para mejor aprovecharse de su imbecilidad; el que los mantiene en la miseria y los exprime para amasar la riqueza y dorar los esplendores de que disfruta con el sudor casi gratuito de sus trabajadores; ese tal es un agente formidable del régimen de la Conquista, aunque respire el aire benéfico de la República igualitaria y aunque hipócritamente esté afiliado al partido de la democracia. Y tal es, a grandes rasgos, lo que sucede en Colombia.

Sobre el principio esencial de un régimen de esclavitud no les es fácil a los amos discriminar, apreciar y recompensar las virtudes de sus despreciables y odiados esclavos. Ni es posible pedirles a ellos, los señores, los legisladores y los gobernantes, el sacrificio de las ventajas de que disfrutan a virtud de esta desigualdad consagrada, en beneficio de la plebe indígena que explotan a título de blancos, herederos de los conquistadores. Por verse está el propietario de latifundios patrimoniales que, tocado por un espíritu de caridad, de democracia o de mera justicia, haya reintegrado a sus desposeídos en la propiedad del retazo de tierra a que están adheridos, el cual han rescatado veinte veces en tributos, después de habérselo pagado mil veces sus antepasados.

Dos motivos de agravación han tenido los indios en su inferioridad social durante la República: fue el primero el reclutamiento forzado para sostener ejércitos partidaristas y guerras de predominio entre los hijos de españoles, y fue el segundo la extinción de los Resguardos que les había otorgado el Gobierno de la Colonia. Aquél ha cesado en la forma cruel de cacería de indios con que estuvo establecido por todos los gobiernos, para quedar sustituído por el régimen de conscripción por sorteo general que rige actualmente. Es verdad que, prácticamente, el sorteo no comprende a las clases acomodadas; pero el tributo de sangre no radica ya exclusivamente sobre los indios sino sobre los pobres en general. En cuanto a la extinción de los Resguardos, la medida no asumió, como pudiera pensarse, los caracteres cínicos del despojo. A mediados del siglo pasado se impuso, como doctrina universalmente aceptada en el país, que era una iniquidad que hubiera una casta de hombres reconocida por la ley como incapaz de administrar y enajenar libremente sus bienes raíces, como era la de los indios poseedores de tierra en la comunidad de los Resguardos. Como una medida de sentimental humanitarismo se decretó la partición de aquellas tierras de amparo y se reconoció en los indios la ficticia capacidad de defenderse por sí solos. La ley de emancipación de las comunidades indígenas, no por bien intencionada, dejó de producir fatídicos efectos entre los favorecidos, como hubiera sido de presumirse, dada la ignorancia y la depresión de cuatro siglos en que se había mantenido a los indios.

Tan pronto como fueron dueños libres, hubo quienes les compraran su misérrima propiedad a menos precio: así se dispersaron y cayeron en la más desoladora miseria y en el más absoluto abandono. Puede decirse que desde ese momento comenzó la definitiva desaparición de la raza indígena en el "País de los Chibchas", desaparición que se intensifica por momentos, a medida que se complica la vida económica. De la ventajosa posición de propietarios, la que dignifica y ciudadaniza, pasaron los indios por centenares de miles a la de concertados inseguros, en calidad de colonos de tierras estériles o insalubres, o como dispersos jornaleros sin familia, en empresas desarraigadas, donde hace esta raza sus últimos esfuerzos de agonía. Quedaban sin embargo, desde fines del siglo XIX vinculados al terruño patrio algunos grupos de población chibcha que, merced a ciertas aficiones manufactureras a que estaban adheridos, pudieron todavía resistir al simún de dispersión y de muerte. Las máquinas, protegidas con el auxilio oficial, y la falsificación extranjera, con la sustitución de productos similares, libran en la actualidad victoriosas y aplaudidas batallas de competencia contra la infeliz industria indígena, último baluarte de una raza desventurada.

En las lomas desoladas por los desmontes y estriadas por los amarillos barrancos que ha cavado el torrente fugitivo de las lluvias, pastorea un rebaño de ovejas un niño medio desnudo, de cuatro años de edad, cubierta la espalda con un fleco de pingajos contra los rigores del páramo. Al apoyo de un peñasco se recarga la techumbre escueta del hogar paterno, rodeado de un pequeñísimo cultivo de coles, las cuales aporca con un pedazo de azadón ya sin paleta, roída por el uso, un viejecillo harapiento de piernas cortas y anchas espaldas. En cuclillas una mujer desgreñada atiza el fogón, formado por tres piedras, o hace girar diligente el huso de la rueca. Al pie de la techumbre sobre un pequeño replán que hace el oficio de patio, gatean o dan los primeros pasos bajo la vigilancia de un perro sarnoso los niños de corta edad que todavía no son capaces de ir con el cántaro a la lejana fuente. Los nietos mozos, la nuera y los muchachos trabajan a jornal en la hacienda que extiende sus feraces cultivos en la planicie fecunda del fronterizo valle que se columbra en la hondonada bordeada de alamedas, por entre las cuales se desliza el río, perezoso y apacible. Aquella es la familia indígena en éxodo hacia las cumbres del páramo, cuyo abuelo vendió su derecho de tierra al patrón que hoy le cobra en trabajo la obligación por vivir en un retazo estéril al pie del peñasco.

Si os acercáis al rancho para inspeccionar el monolito, en vuestra calidad de buscador de jeroglíficos, el pastorcillo os canta a media lengua un "bendito y alabado sea el Santísimo Sacramento del altar" y os indica el sendero; el viejo de la azada roída os cuenta la leyenda del mohán que andaba antaño por estas serranías custodiando el tesoro del cacique; el gozque os late y refunfuña, en desempeño de su oficio de guardián de la estancia, y la vieja de la hilandería os pide una limosna, "por amor de Dios", y os tibia en la olleta de barro los dos últimos huevos "de la saratana" que sale del gallinero cacareando asustada por vuestra inusitada visita.

Bajo la mirada escudriñadora del psicólogo, el indio viejo, exponente auténtico de su raza, ofrece interesantes puntos de estudio. Con la gorra descopada en la mano, en humilde actitud, no parece someterse al análisis, pues adopta un semblante hierático, tranquilo y risueño, tras del cual oculta una incisiva investigación, desconfiada y suspicaz; el observador es objeto, a su turno, de observación en condiciones desventajosas; pues está al descubierto, mientras el indio se sitúa tras de parapeto a mirarlo con sus ojillos velados y a escucharlo socarronamente, analizando y pensando e interpretando, si se quiere con estúpida malicia, cada palabra y cada gesto. Esas dos inteligencias enfrentadas no se entienden: el indio piensa que se le engaña y se anticipa a engañar. A todo responde embolismática o dubitativamente, con una astucia y con una fingida simplicidad que asombra. Cuando el interés le hace hablar en intimidad, se muestra zalamero, sugerente y graciosamente embustero, y deja ver a las claras que busca en su interlocutor, por medio de la seducción halagüeña, un instrumento de sus pasiones o un cómplice de sus picardías.

Aparenta siempre el indio un suave afecto hacia su patrón, y patrones son todas las personas de alguna categoría que se le acercan, para quienes tiene amables maneras, diminutivos cariñosos, tratamientos de servir, respeto y hasta oportunos servicios. Pero se engaña dulcemente y quizás hace muy bien en cultivar esa ilusión, quien cuenta con la seguridad de esos amores; pues el indio no ama a nadie! Cuando un indio os hace un obsequio, tened por seguro que va a exigiros un favor cien veces más valioso, el cual aminora con diminutivos y adjetivando su importancia y aplicación. Táctica eficaz del momento que suma al edificio de simpatías levantado pacientemente con su anterior conducta: no os paga lo que le deis en préstamo, no os cumple la condición, no os resulta verídico el pronóstico.

En su simplicidad e ignorancia, el indio del rancho escueto es infantilmente vanidoso: se sonríe enigmáticamente, como diciendo "eso es

19

nada" cuando ve que le observáis el pollino viejo o la oveja enteca de su misérrima hacienda; ese asno se lo mercó el patrón Facundo de una raza que trujo de la extranjería; esa oveja es mellicera y tiene sangre del Pirú. El dice saber dónde se oculta un gran tesoro de los "mayores" porque ha visto la luz que relampaguea a media noche en el cerro; pero es tan "jiero el cincho" y se "desgracea" la persona que arrima por allá. Y para asombrar al codicioso que anda en busca de minas, le muestra con mil misterios y precauciones un trozo de marmaja que esconde envuelto en trapos en un agujero de la pared.

Es interesante para la sociología del futuro hacer notar una condición del indio poco explorada. Cuando por obra de las circunstancias se hace rico, adquiere alguna instrucción o llega a una posición eclesiástica, social o política en esta nuestra fácil democracia, el indio se hace orgulloso y gasta humos de aristócrata. Habituado a la sujeción servil por generaciones de generaciones, ha llegado a persuadirse de que el gobierno autoritario es de derecho natural y se somete a él gustoso, y cuando lo ejerce en alguna forma, por humilde que sea, pretende los gajes de aquel poder absoluto con todo el esplendor que en su criterio cursi él es capaz de concebir. Un párroco, un general, un gran propietario indígenas ejercen su función social con altanería y pompa y se hacen obedecer y respetar autocráticamente. El gamonal es de génesis indígena: es el cacique incrustado en el régimen de una República aristocrática.

Sería limitar con estrecho criterio las formas múltiples de la civilización del hombre, si la encerráramos en el exclusivo molde que se ha formado en la zona templada del globo, que no es la más extensa por cierto, y durante una serie de siglos relativamente corta, comparada con la vida de la humanidad. El hecho simple de que han existido en la zona tórrida civilizaciones extinguidas, mal comprendidas y poco estudiadas por la sociología occidental, es una prueba palmaria de que toda la tierra ofrece campo a las actividades humanas, las cuales tienden al equilibrio con el medio y lo consiguen a través de muchas generaciones para coronar una cúspide social.

Ante la evidencia de las civilizaciones de México y el Perú, cumbres sociológicas acaso no superadas, es posible sostener sin alegar un cúmulo de pruebas, las cuales no exige la duda científica, que el proceso social chibcha fue interrumpido por la conquista española y que, perturbada temporalmente la tendencia al equilibrio étnico con el medio físico, continuará en un nuevo mestizaje con el elemento español hacia una forma de civilización específica, modelada en la vieja mentalidad indígena sobre el yunque eterno del suelo de la altiplanicie andina, bajo la transparencia de un cielo impositivo.

De los habitantes que según el último censo (1919), hoy p u e b l a n los Departamentos de Cundinamarca y Boyacá, puede calcularse que el 60% han recibido ya el mestizaje, un 36% son blancos y puros y un 14% son el rezago de indios chibchas que aún subsisten; no hay cantidad apreciable de negros y mulatos. No se pueden aceptar como exactas las cifras que arroja el censo, en cuanto a la proporción numérica de estas razas, por las razones de servilismo ya expuestas, donde todo declarante, salvo el caso de ser indio genuino, se hace inscribir como de raza blanca. El censo arroja la cifra de 50.000 indios en la altiplanicie, a la que es prudente agregar otros 50.000 como mal clasificados. No se trata, pues, de una cantidad despreciable y sin embargo de que ella debería merecer solícito interés, puesto que constituye lo que pudiera llamarse nuestra levadura social, los dirigentes sociólogos, políticos y peda-

21

gogos, no se preocupan de ella en lo más mínimo.

Aquellos distritos donde la población tiene un gran predominio indígena ofrecen puntos de observación muy interesantes y deberían servir como laboratorios de estudios sociológicos. En primer término nota en ellos el observador un sosiego durante los días de trabajo y un ambiente de tristeza que haría pensar en que están deshabitados, si no fuera por el sonsonete de los niños en las escuelas al repetir en coro las lecciones de catecismo, y por las ca-

CENSO ACTUAL DE LO QUE FUE EL IMPERIO CHIBCHA

Cacicazgos	Blancos	Mestizos	Indios	Sumas
Dominio del Zipa:				
Bogotá, Fusagasugá, Chocontá y Zipaquirá	202.548	197.376	24.421	424.345
Dominio del Guatavita:				
Guatavita, Guavio, Cáqueza, Ubaque	60.506	60.712	6.460	127.678
Dominio del Susa:				
Ubaté, Chiquinquirá y Moniquirá	41.966	86.525	5.643	134.134
Dominio del Zaque:				
Tunja, Ramiriquí, Valle de Tenza	53.775	178.094	9.407	241.276
Dominio de Tundama:				
Duitama, Sogamoso y Soatá	40.776	130.824	3.490	175.090
IMPERIO CHIBCHA	399.571	653.531	49.421	1.102.523

sitas rodeadas de flores y labranzas, vestigios de los antiguos resguardos, que matizan y dan la nota festiva en las laderas y hondonadas del paisaje. La tendencia chibcha es hacia la vida rural; los pueblos con sus callejuelas estrechas y su plaza destartalada, sin jardín y a medio edificar, los forman las familias blancas, donde tienen el hotel para empleados y pasajeros, los almacenes y chicherías, y las habitaciones de los hacendados. En los días de fiesta se ve a los indígenas descender por las veredas, con sus vestidos limpios, llevando también a la feria en borricos y bueyes de carga la cosecha de su labranza o el producto de su manufactura. Colocados los víveres, las matas, la locería y demás objetos de venta, sobre el suelo de la plaza en cierto orden de alineamiento y al cuidado de la buena fe pública, entran los indios al templo santiguándose con el agua bendita y se agrupan, silenciosos y compungidos, los hombres a la izquierda de la nave central y las mujeres, arrebujadas en sus mantillas negras, a la derecha, donde se repantigan en el duro suelo. Los escaños del centro son para los señores del lugar. Sigue el pueblo indígena, con devoción y reglamentariamente, por heredado espíritu disciplinario, el curso de los divinos oficios y el sermón del señor cura, durante el cual los señores se deslizan hacia el atrio a decir chistes y a aplaudírselos mutuamente con sonoras carcajadas que suelen interrumpir la plática doctrinal, en que el sacerdote clama contra el libertinaje de las costumbres; los mocitos blancos, los mesticillos aristocráticos discurren entre tanto por las naves laterales haciendo visajes, en son de conquistas galantes sobre sus lindas prójimas. Los indios son católicos fervientes y muy respetuosos de la voz del párroco. Después de la misa comienza el mercado, con su algazara de mil disputas de contratación, en las cuales los vivanderos indígenas se defienden a porfía de las pretensiones engañosas de sus "amos y patroncitas". El indio sabe hacer cuentas de memoria y fija los precios de la feria, siguiendo un instinto comercial admirable.

Aquietada la feria, en las horas de la tarde, va quedando nuevamente solitaria la plaza; pero la indiada en tumultuosa algarabía llena las tabernas, donde agota entre charlas, efu-

siones empalagosas y disputas meramente bullangueras las ganancias del mercado. Tan pronto como esto sucede, a media noche o al día siguiente, emprende cada indio borracho el regreso a su estancia, bajo el amparo protector de su consorte, quien lo salva de la muerte a cada paso en los despeñaderos del camino. Los niños de la familia indígena esperan, entre tanto, encerrados en la choza, hambreados y lloriqueando, y miran la vida que comienza para ellos, sombría y amarga, a través de las rendijas de la puerta.

Sería un optimismo demasiado complaciente el pensar que bajo este sistema de vida el protoplasma indígena haya de prometerle al país felices destinos. Obedientes a exóticos atavismos y con una ciega indolencia, los dirigentes de la raza blanca no se dan cuenta de la germinación bárbara que se cumple bajo sus plantas, y por una incomprensible transposición mental, continúan orientados hacia metas políticas, económicas y culturales en abierta oposición con el medio que los envuelve y enerva. Como por una manguera superoceánica traen aire de lejanas latitudes, saturado de embriagadoras esencias, para alimentar los sueños de una falsa civilización y mistifican tiempos y circunstancias, en loco desvarío. No les importa estudiar el suelo que pisan ni la naturaleza especial de las fuerzas locales, abismados como viven en la contemplación mental de paisajes remotos y problemas de otros pueblos. Son como los poetas que, en pleno tórrido, cantan al otoño con sus hojas secas y al invierno cano.

La falta de aplicación a nuestro terruño hace que lo ignoremos como cosa extraña, cuyos disimulados pasadizos recorremos a tientas. No sabemos dónde estamos ni para dónde vamos, y lo que es más sorprendente, no queremos conocer nuestro destino.

No solamente carecemos de aquel instinto de orientación, propio de los organismos atemperados a su medio ambiente, como el que han tenido todos los pueblos que se sienten llamados por un destino manifiesto, sino que buscamos adrede motivos de perturbación en absurdos principios pedagógicos, socavamos las bases de nuestras industrias nativas y sacrificamos nuestro sentido estético en artificiales y contradictorias emociones. Es decir, que luchamos constantemente contra una modalidad propia, en la imitación servil de una modalidad ajena.

Aquí se repite permanentemente la triste sentencia de que, por una desgraciada fatalidad, dos y dos no son cuatro; y el fundamento de este contrasentido se apoya en la interposición de factores que nos empeñamos en ignorar sistemáticamente, los cuales se ocultan en la idiosincrasia popular, en la naturaleza intrínseca del suelo, en el arcano del clima, en el menosprecio de la energía mecánica de los torrentes y de las riquezas naturales, en el desconocimiento del valor económico del indio, en la perturbación artificial de las equivalencias, en el estado tributario de nuestro comercio y en multitud de anomalías cultivadas.

Como la voz que clamara en el desierto, se pierde en la Prensa, en el Gobierno y en la sociedad la recomendación inteligente de estudiar el país. No se quiere oír a los hombres prácticos cuando piden que se capten y utilicen las fuentes de energía con que la Providencia nos dotó; no se les atiende cuando aconsejan que se estudie la meteorología local, para descubrir la ley de las lluvias; se contraría el claro precepto de utilizar a los hombres técnicos en el servicio público; no se quiere fundar la escuela nacional y se traen profesores extranjeros; no se cumple el mandato de que se levante el mapa geológico y mineralógico del territorio; se persigue y se hostiliza la pequeña industria indígena, por medio de exenciones en favor de la grande exótica; se mantienen eria-

les y a déspota los grandes territorios cuya utilización nos harían opulentos; se dispensan al advenedizo los favores que se niegan a los hijos del país, etc.

Aunque inoficiosamente ante un criterio ilustrado, quiero curarme en salud advirtiendo categóricamente en el presente capítulo de introducción al libro sobre la civilización chibcha, que no es mi ánimo presentarla como una perfección ni mucho menos como un modelo hacia el cual deba tender nuestra aspiración sociológica. El lector debe tener presente, para apreciar la mentalidad indígena con los datos que le ofrezco, una prudente escala de proporción, a fin de no exagerar el valor de los términos; no sea cosa que me atribuya un exagerado propósito de ponderación. La relatividad de los tiempos y las circunstancias de aislamiento son factores que deben tenerse muy en cuenta para apreciar el grado de civilización que habían adquirido los Chibchas en el momento en que fueron descubiertos por los españoles.

En cuanto al autoctonismo que imponen a nuestro pueblo las circunstancias especialísimas de suelo, clima y antecedentes etnográficos en que se desarrolla, no se puede tomar en el sentido absoluto de aislamiento degenarador. Tan desacertado es, en efecto, que nuestro pueblo viva a merced exclusiva de orientaciones y recursos extranjeros, como que cierre su corazón y su mente a las influencias del mundo europeo.

El cultivo de las ciencias y las artes de savia y modalidad indígenas, como para que se nutran y prosperen en un medio especialísimo, no excluye la posibilidad de la adaptación de principios y métodos universales a la mentalidad creada por aquel mismo medio. Que en un sentido ampliamente metafórico nos consideremos como hijos del terruño y que sobre esta base fundamental de criterio orientemos nuestros estudios, nuestra psicología, nuestra estética y nuestras industrias, para establecer el debido equilibrio entre nuestras inclinaciones y necesidades propias y las reacciones y productos del suelo; tal debe ser nuestra aspiración patriótica, con el propósito de constituírnos en pueblo autóctono.

Bogotá, 1921.

MIGUEL TRIANA

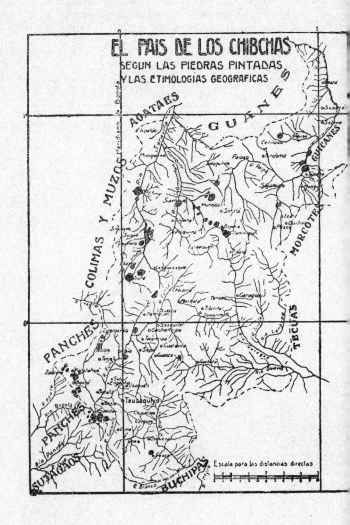

EL PAIS DE LOS CHIBCHAS
SEGUN LAS PIEDRAS PINTADAS
Y LAS ETIMOLOGIAS GEOGRAFICAS

Escala para las distancias directas

CAPITULO I

LAS MIGRACIONES DEL MAGDALENA

Para tener una idea de cómo serían nuestras costas, modeladas por las corrientes marítimas en los remotos tiempos antehistóricos, es preciso romper con la imaginación el mapa actual y, cerrando los ojos al presente de las cosas, reconstruír los contornos, los relieves y las hondonadas de los que hoy son ríos regularizados en parte.

La corriente de remolino que hoy vemos deslizarse a lo largo de la costa, desde la península de la Guajira hasta la de Yucatán, a fuerza de lima y a golpes de ola al impulso del alisio, carcomía el terreno sedimentario inconsistente que las corrientes continentales del Atrato, el Sinú y el Magdalena iban aportando en arenas arrastradas de la cordillera en sus aguas enturbiadas por periódicas crecientes. Las ensenadas se iban profundizando y en esta colaboración constructiva, se pronunciaban poco a poco los cabos y las puntas salientes, para definir una costa dentellada, erizada de escollos y sirtes. El mar penetraba en los bajos valles de los ríos, no colmados aún por la construcción aluvial, formando en las bocanas anchos y profundos estuarios, en los cuales el flujo y reflujo de las mareas lunares disputaban el curso de las aguas dulces y fomentaban la formación de los bancos coralinos, madrepóricos y conquilios donde hoy se extienden tranquilas las planicies sedimentarias conquistadas por la obra secular de los ríos. Así se explica la presencia de grandes depósitos de madreperla en el interior del Continente a muchas leguas del litoral, como en Guamuco, por ejemplo, al pie del macizo antioqueño.

La inestabilidad de la costa que en un principio bordeaba las cordilleras en sus últimas estribaciones, como en el caso de Guamaco, determina incertidumbre en el curso inferior de los ríos y cambios lentos en la conformación de sus deltas, los cuales han venido a hacerse patentes al través de las edades, pero cuya inquietud persiste y podría comprobarse ante un proceso de siglos y aun por comprobaciones de mensuración contemporánea. El río Magdalena parece que en tiempos remotos y quizás a presencia de los primeros colonos del litoral, cosa que podría comprobarse mediante estudios etnográficos, corría por el actual lecho del río Ranchería, por detrás de la Sierra Nevada, hacia la costa guajira, hasta cuando colmó con sus detritus la garganta rocosa que separa esta Sierra de la cordillera madre, en las cabeceras del Valle de Upar. Tapado este sendero, hizo su salida al mar por la Ciénaga Grande de Santa Marta, por donde todavía mantiene desahogos por brazuelos casi atascados por el limo, para las épocas de inundación. Dejó sin embargo, el río al abandonar aquella antigua querencia guajira, un nivelado valle en cuyo suelo fecundo se establecieron migraciones agrícolas procedentes del Golfo de Maracaibo, las cuales abrieron senderos a la posterior incursión de Alfinger.

La deriva de la corriente costanera que estalla en la bahía de Santa Marta, trajo en la prehistoria numerosas migraciones marítimas al nuevo estuario del Magdalena, por donde penetraron al abrigo de vientos importunos y pudieron expandirse arriba, aposentarse en sosiego y multiplicar sus generaciones al cariño de un suelo rico en sedimentos. Allí las encontraron los españoles, siglos después, en condensada población de tribus más o menos retardadas en su desarrollo sociológico, bajo la dependencia tributaria de los Taironas que ocupaban ya los cerros y explotaban allí las minas de oro.

No habiendo logrado sosiego aquel río andariego, abandonó la salida de la Ciénaga y Bahía de Santa Marta, para continuar buscando otro desagüe, siempre hacia la izquierda, en las actuales inseguras Bocas de Ceniza, donde parece que está tallando definitivamente su delta por medio de brazuelos que socava y abandona, al capricho de una barra movediza, que todos los años modela y modifica la resaca de un mar levantisco. Obstruída por la isla del Rosario la boca del Río-viejo, acrecienta actualmente otra que todavía no ha sacado a luz, entre las puntas del Faro y la Augusta, con el mal disimulado intento de cavar otro cauce por la Ciénaga de Mallorquín que cultiva mañosamente a la izquierda de esta última punta, la cual anualmente corroe y redondea. Esta labor maliciosa del río en colaboración con el mar, ha podido comprobarse, si bien se observa, en tres estudios sucesivos que se han hecho a corto plazo en las Bocas de Ceniza. El río tomará este nuevo curso, como puede hacerlo también por el canal del Dique hacia Cartagena, si continúa cierto movimiento de inclinación hacia Occidente de todo el aluvión del valle, el que viene haciéndose perceptible tanto en el levantamiento lateral de la Península Guajira, como en el abandono del brazo de Mompox, en un espacio de tiempo relativamente corto, así como en el ensanche paulatino de otros brazos que arroja el río por la banda izquierda. Es digno de observarse, en efecto, que el Sinú y el Atrato han ido dejando a la derecha el saco de mar en que desaguaban, para bordar, siempre en sentido contrario, un verdadero encaje con los brazuelos de sus deltas, cada vez en mayor número. El aporte de arenas que en cantidad asombrosa conduce al río Magdalena en sus dos grandes aguajes anuales comenzó, como queda dicho, por llenar la cuenca del bajo valle y ha continuado labrando una punta que avanza mar adentro, en cuyo lomo divaga la corriente. Esta punta de costa está expuesta a las corrientes y no tiene resguardo contra los vientos, de tal modo que allí la mayor parte del año estalla una marejada embravecida y azotan los temporales. Hacia el equinoccio de primavera crece el río con las abundantes lluvias que caen en el interior del país, las mareas alcanzan su mayor altura, como es sabido, por la posición del sol, y los vientos desarrollan en esta costa una velocidad de cinco o seis metros por segundo (21 kilómetros por hora, según el Observatorio de San Nicolás, en Barranquilla). Análogos fenómenos se cumplen hacia el equinoccio de otoño, de aguajes fluviales, y en el estiaje del solsticio siguiente, de borrascosa mar en esta región del trópico; de modo que estas tres temporadas fueron impropicias a las migraciones océanicas que por retardo secular en la elección de entrada por Santa Marta, quisieron invadir el país por su actual hostil embocadura. Aunque es anticiparse a los acontecimientos, es del caso hacer notar cuán desacertada fue, por falta de experiencia, la elección que hizo don Pedro Fernández de Lugo del mes de marzo para la expedición de Quesada, haciendo entrar la mayor parte del material en unos tantos bergantines por las Bocas de Ceniza, donde naufragaron. En aquellas dos épocas equinocciales, correspondientes a estaciones lluviosas en las cordilleras que cruzan la extensión fragosa del país el río cuadruplica sus aguas, las barrancas de sus orillas y muchas islas adventicias que este trabajador forma dentro de su cauce, desaparecen bajo una alta avenida de lodo, y la gruesa capa de fecundación se extiende bajo el bosque y llena los bajíos cenagosos del amplio valle, no quedando en seco, para refugio de las fieras y de los hombres, sino los relieves ondulantes de las estribaciones moribundas de las cordilleras que lo enmarcan. Los grandes árboles que el ímpetu de la corriente desarraiga y arrastra con presuroso impulso, se enredan en las lianas que penden de otros colosos de la selva para hacerles fuerza de palanca, a fin de arrancarlos del suelo movedizo. El crujido de esta tumba de grandes extensiones del bosque secular se aumenta con el rumor de las borrascas y con el estallido retumbante de los rayos que azotan en estas épocas el teatro de la inundación, produciendo un concierto pavoroso, capaz de amedrentar el ánimo de quien se lanzara atrevidamente en este piélago intrincado. Durante estas temporadas el río invade el océano y mancha con sus aguas turbias en una grande extensión la transparencia de sus olas. Esta sábana sucia se despliega a muchas leguas de distancia, al impulso de la corriente marítima, como un anuncio del gigante labrador, quien así va depositando su carga de materiales a lo largo de la costa.

Se apacigua el río durante la época del estío y el mar también se muestra apacible y risueño al favor de la calma atmosférica, como invitando a los furtivos merodeadores del océano a explorar el ignoto continente que les ofrece sus misterios. Las chalupas de los isleños cruzan tranquilamente la barra sobre una corriente majestuosa de más de una legua de anchura, de linfas dormidas. La abundante pesca que les ofrece el río, y la sombra de las palmeras cargadas de frutos que adornan las riberas, son incentivo para internarse más y más; pero el plazo de la puerta abierta es engañoso, y cuando pretenden regresar a sus acantonamientos antillanos, el mar azota enfurecido la bocana y les niega la salida. Es preciso invernar bajo la fronda del bosque en esa tierra que por lo demás se muestra hospitalaria, devolviendo en espiga prometedora el grano que al azar cayó en su seno. Lo que fue fugaz cobertizo para corta posada, se convierte en cabaña permanente y la familia vagabunda se transforma en tribu, y la tribu en colonia. La pradera se extiende pródiga en favores hasta donde alcanza la vista; el río, como una Providencia, arrima a la barranca el vástago de la *musa paradisíaca* y la estaca de la yuca, que otras colonias más antiguas abandonaron en la vega fecunda allá, arriba, en un país ignorado que invita a la ventura; y de este modo, el caribe de las Antillas, estrecho y hambreado en sus ínsulas nativas, establece una corriente migratoria con el río como sendero, en honda visión lejana de tierras libres y generosas. A cada golpe de remo y a cada vuelta de la movible guía, una nueva aurora les señalaba más risueñas promesas. Así fueron estableciéndose estas colonias viajeras, en éxodo continuo, por las vegas del gran río y sus trescientos afluentes. Alcanzaron el brazo cenagoso de Calamar, sendero de otras celosas migraciones oceánicas, y los canales laberínticos de Tamalameque y el Sisare y en sus islotes hallaron establecidas anteriores colonias cultivadoras de maíz; encontraron las bocas de Tacoala, por las que inunda por una manta de vegetación acuática, procedente del ignoto Cauca, y por ellas invadieron un arrugado macizo, en cuyas aristas brillaban al sol el cuarzo cristalino y el oro fulgente, con lo que se fabricaron cinceles y diademas. Al cabo de una lunación de duro remar, se encuentra más arriba una barranca rojiza, formada por los derrumbes del Carare y el Opón, y una meseta cubierta de palmeras de dulce sombrío, que se desprende como una antena de la inmediata cordillera, por cuyo lomo conquistaron los colonos el ambiente fresco y perfumado de una tierra de caricias agrícolas, la cual labraron con la hachuela de sílex y con la barreta áurea. Desde la cumbre contemplaron el sendero recorrido que se perdía entre el bosque como una cinta amarillenta, y columbraron en lontananza nuevas promesas en un horizonte velado por la neblina y dorado por el mismo sol, padre de la vida, a quien tributaban sacrificios de sangre sus antepasados. Allá, tras de la serranía, estaba la casa de aquella soberbia divinidad y hacia ella caminaban las migraciones del océano.

¿Cómo se apellidaban entre sí y qué idiomas hablaban estas tribus que, después de errar a la ventura río arriba, iban tomando posesión de las faldas de las cordilleras que enmarcan el valle? Agatae, quisieron llamar los españoles a esta parcialidad que subía hasta Vélez; así como llamaron Muzos a la que entró por el río Minero, a apropiarse de los yacimientos de esmeraldas de Furatena; Colimas, a la que entró por el río Negro; Panches a la que, más arriba, subió por las cañadas que forman el río Bogotá, y Pijaos a la que siguió subiendo hacia Neiva por el alto valle del Magdalena. Pero todas estas parcialidades, aunque sufrieron la consiguiente diferenciación del medio, conservaron características comunes, por las que los conquistadores españoles le dieron el calificativo general de Caribes, sin averiguar sus procedencias. Todos eran musculados, de alta estatura, de piel morena y de ágiles movimientos; feroces en la lucha e indomables al yugo extranjero, fueron calificados de antropófagos, acaso calumniosamente, y como andaban desnudos o poco menos, se les ha venido considerando después como seres de una naturaleza demasiado inferior e indignos de la misericordia de la Historia, cuando probablemente, fueron herederos de una gran civilización! Se perdieron el idioma, las tradiciones y las costumbres y sólo queda de su paso por la tierra, tal cual piedra donde ellos grabaron sus mitos y con las que conmemoraron acontecimientos indescifrables de su éxodo. Se comprende que iban conquistando todo el territorio; pero al coronar los altos filos de la cordillera que soporta la mesa andina, tuvieron la sorpresa de encontrarse con una nación de hombrecitos vestidos, organizados socialmente, astutos e industriosos, que les cerraban el paso; eran los Chibchas, quienes se les habían anticipado muchos siglos en el señorío de aquel emporio.

CAPITULO II

LA MIGRACION DEL META

En 1513 don Juan Ponce de León, descubridor de la Florida, comprobó por primera vez la existencia extraordinaria de un gran río dentro del seno del Océano Atlántico, que parecía recoger las aguas del Golfo de México para llevarlas a las costas de Europa. Posteriormente se vio que esta corriente no nacía en el Golfo, sino que venía de las costas de Africa, con tal velocidad que permitía hacer la travesía del Cabo San Roque en el Brasil, en menos de un mes, sin ayuda de remos. Más recientes investigaciones oceánicas demuestran la existencia de una corriente recíproca o contracorriente, en forma de remolino, en el mar Caribe, que permite hacer viajes de ida y regreso, en corto tiempo, entre las costas de la América Central y las del norte de la República de Colombia. A la merced de estas dos corrientes, conocidas sin duda por los navegantes de la prehistoria, muchos siglos antes de que las denunciara la ciencia moderna, se entregaban confiados para sus excursiones comerciales y de conquista, así las Colonias del Mar de las Antillas, como las Naciones de Africa y Asia cuyo poderío y grandeza, olvidados ya, constituyen hoy el arcano indescifrable de los orientalistas.

No debió de ser difícil a Ponce de León descubrir esta gran corriente marina, que se diferencia del resto del Océano por su color muy encendido, su temperatura muy superior a la de sus orillas acuáticas y por su mayor salinidad, condiciones que la ponen en evidencia aun al marino menos observador. Tiene su verdadero origen en el Océano Indico, lame las costas del Indostán, Arabia y Africa oriental y contornea la punta meridional del continente negro, para entrar al Océano Atlántico. En este recorrido inicial está poco estudiada todavía esta corriente por adolecer de esta parte de cambios de rumbo e intermitencias, cuya causa se ignora según anota el sabio Reclus en su libro "El Océano". Sea como fuere, esta gran corriente, junto con la de Humboldt en el Pacífico y la llamada Ruro Siva por los japoneses, constituye un poderoso sistema circulatorio que envuelve el globo y que ha servido para distribuír el calor y la vida en el planeta, con la consiguiente migración de plantas y animales a los más remotos lugares. El hombre, la más audaz, voluntariosa e inquieta de las criaturas, no podía sustraerse a esa ley general de arrastre hacia lo desconocido, al impulso de una fuerza gratuita, y así hay quien haga histórica la tradición de que, merced a ella, los japoneses viajaban a Alaska y que la misteriosa Comarca de Fusang, citada en los antiguos anales de la China, era el país de los mexicanos.

Pensando en las innumerables peripecias de la olvidada política del Lejano Oriente, con sus guerras asoladoras, de una crueldad espantosa; con la despiadada preponderancia de castas parasitarias; con la horrenda institución del anatema social, en la que el paria era considerado como una alimaña maligna, y con las mil complicaciones de crisis y flagelos de todo orden, se comprende fácilmente el incentivo de las emigraciones en masa, de que tenemos como muestra el éxodo del pueblo de Israel a través del Desierto, durante cuarenta años de peregrinación. La desesperación del ausentismo impulsaba las caravanas a lo largo de las estepas solitarias, a través de riscos y montañas abruptas, creándose en el complicado viaje todos los menesteres de la vida. Llegados los fugitivos a la playa del mar liberatorio, en cuya masa esmeraldina palpita como una promesa de ensueños, se daban a la tarea de construír grandes arcas, como la legendaria del Diluvio, para confinar a su amparo haciendas, altares, prole y penates: allí debía embarcarse la familia, la tribu, las instituciones consoladoras; en una palabra: la patria abandonada.

Al mirar en el mapa el amplio delta del Orinoco, con sus siete grandes brazos y sus laberínticos canales por los que arroja al mar sendos caudalosos ríos que rechazan a muchas leguas las aguas salobres, asalta la sospecha de que por allí se deslizaron los primeros pobladores de América, procedentes del Lejano Oriente. Ya los cronistas de la Conquista pensaron por ciertas creencias religiosas de los indios, semejantes a las del rito católico, que había venido a América a predicar la doctrina evangélica algún ignorado apóstol, o bien por ciertos signos pintados en los petroglifos que los Fenicios habían incursionado por el *Nuevo Mundo*. Si se analizan algunas de estas creencias en relación con los ritos orientales y si se comparan gráficamente algunos de aquellos signos chibchas con los alfabetos fenicio e ibérico antiguo, se llega al convencimiento de que aquella corriente fortuita arrojó a las playas americanas, con los navegantes perdidos en el Océano, un principio de civilización, del cual subsisten, al través del éxodo, vagos vestigios. A este propósito y siguiendo el sentir de varios misioneros, dice el Padre Gumilla en su célebre libro *El Orinoco Ilustrado,* escrito en 1741, lo siguiente: A este modo, a Cam y a sus hijos les cupo la Arabia, el Egipto, y el resto de Africa, y algunos de sus nietos o bisnietos, arrebatados sus barcos de la furia de los vientos, como en su lugar diré; o de otro modo, desde el cabo Verde pasaron al cabo más avanzado de toda la América, que está en el Brasil, y se llama "Fernambuco" (1). Más adelante observa que

(1) Vol. I, pág. 56.

los Achaguas y los Othomacos, aposentados en algunos afluentes del río Meta, circuncidaban a sus hijos, a la usanza hebrea.

Unida a la familia de ríos que forman el inmenso Orinoco, con la intrincada y extensa red de canales con que el Amazonas se expande en todo el corazón de la América del Sur, ningún sistema de transportes podía ser más propicio para invadir y ocupar el prodigioso patrimonio que le tocara en suerte afortunada al segundo de los hijos de Noé!

El navegante de la prehistoria que, a merced de la corriente oceánica, penetró a la ventura por alguna de las numerosas bocas del Orinoco que se abren en 80 leguas de la costa, como un esparavel de pescar náufragos, sintió en la popa de su barca un viento enérgico que con fuerza misteriosa lo impulsó hacia el interior de un Continente inmenso, tan grande, tan bello, tan colmado de riquezas naturales, como jamás la fantasía del más loco soñador pudo concebir. El soplo de Dios impulsaba la piragua hacia un nuevo Paraíso terrenal! Allí no había necesidad de trabajar para vivir, pues los árboles estaban cargados de frutos al alcance de la mano, el bosque poblado de caza suculenta y en el río pululaban los peces de carne deliciosa; allí no había necesidad de disputar la posesión de la tierra, porque el territorio semejaba algo infinito y ofrecía entonces espacio holgado y libre a todos los habitantes del mundo, con sus prolíficas generaciones, multiplicadas con exuberante poligamia al través de las edades; allí la industria era holgazana y no requería más ingenio que el necesario para atar una balsa, tejer una red y cubrir una techumbre. Al amor de tamaña ventura las migraciones oceánicas entraban y entraban sin cesar en las bocas del Orinoco, y al impulso del alisio que encrespa sus ondas durante seis meses del año, se internaban más y más por los incontables afluentes que contra el camino del viento vienen de la cordillera lejana a acaudalar su corriente. En tales épocas del alisio la perezosa linfa del padre de las aguas continentales y la de su numerosa prole parece que se moviera con rápido impulso hacia las ignotas breñas de su origen: una barca, abandonada al acaso, sube en vez de bajar. Tal es la ley seductora, providencial y ciega, a que estaba sometida la población de un Continente vacío.

Los primeros ríos de altas aguas que encontraron los incursionistas del Orinoco fueron el Caroní, de aguas negras y corriente inversa, y el Apure, en cuya boca se forman remolinos peligrosos. Por el primero pudieron subir a fuerza de remo y hostilizados por el viento hasta la sierra de Pacaraima, en la Guayana, y por el segundo fueron más bien rechazados por su corriente presurosa; de modo que les fue forzoso seguir subiendo hasta la boca del Meta. Antes de llegar a ella encontraron un raudal agresivo que se les opuso en su marcha, por lo que hubieron de formar colonia en sus inmediaciones, la que se conoce con el nombre de Carichana, o Cariben, en recuerdo de quienes la fundaron: los Caras o Caribes.

Persistentes en su empeño de proseguir las aguas del río, propasaron neciamente la boca propicia del Meta, para encontrarse de repente con los formidables raudales del Maipures, después de 300 leguas de recorrido, los cuales atruenan estas soledades con el rugido de las cataratas durante catorce leguas.

En un promontorio de basalto, inaccesible, que se levanta allí como un atalaya del abismo, grabaron a cincel un jeroglífico imponente, el cual debía poner pavor en el alma de los sucesivos inmigrantes y que constituirá para la eternidad de los siglos una incógnita sombría. Es un cocodrilo de 200 metros de longitud, en plática misteriosa con unos símbolos humanos: tal parece el guardián del sagrado río que dice a los hombres: "¡Por aquí no pasaréis! ¡Retroceded!".

Nadie ha podido subir después a aquel empinado altar del dios del río; solo una familia de papagayos que allí tenía sus nidos, se transmitía de padres a hijos, cada trescientos años, como la consigna del pueblo que labró en el monumento una palabra misteriosa "¡Atures! ¡Atures!"... Y esta leyenda de los Atures se ha transmitido entre los indígenas que han pasado por allí hasta nuestros tiempos.

Las migraciones, entonces, abandonaron el Orinoco y tomaron la vía del Meta. ¿En qué época tuvo lugar ese acontecimiento? La comparación del jeroglífico del Maipures con los del Asia Menor que estudian los orientalistas, acaso podría suministrar un vago indicio del momento industrial y artístico en que estuvieran las migraciones que invadieron el Orinoco, a fin de presumir una relación cronológica. Pero este recurso, de base hipotética, sin otros elementos de sustentación, solo serviría para entrar en el laberinto de misterios que ha mantenido por largo tiempo irresolutos y desorientados a muchos sabios.

Buscar, por medio de la regla de población un término de la serie, hacia atrás, de un pequeño número de colonos, sería vano empeño por los múltiples elementos perturbadores del cálculo: entre muchos otros, la indeterminación del censo de las tribus encontradas por los españoles en la hoya del Meta. Ni siquiera se puede presumir a derechas por los datos de los cronistas cuál de tales tribus sería la predominante entre las innumerables, diferenciadas entre sí por idioma, ritos y costumbres, ni a cuál de ellas se debería el establecimiento de un principio social, para considerarla primogénita. Perturbada la ley moral que disciplinaba las costumbres por la intromisión de nuevos preceptos, desmenuzado el fundamento de la autoridad, desplazadas las colonias por el huracán de la Conquista y casi exterminadas por la guerra, las depredaciones y la esclavitud, sólo ha quedado allí el caos entre los despojos de un naufragio sociológico.

Las tradiciones de los misioneros hablan de lo numerosa que era en el Meta la nación Caribe, en la cual pueden hoy afiliarse muchas pequeñas parcialidades que andan rezagadas en la llanura, cambiando de sitio y de nombre, ante la clasificación empírica de los viajeros. Altivos y despejados, se decían amos de la tierra y por sus condiciones de dominio y agresividad los consideraban las otras tribus a quienes sojuzgaban, como hijos del Diablo, según los Achaguas, o como hijos del tigre, según los Sálivas, quienes sí se creían salidos de la tierra. Esta circunstancia y el recuerdo de la irrupción de los caribes hace presumir que éstos fueron los últimos ocupantes del territorio. Otra nación, casi tan numerosa como la Caribe, era los Caberres, cuyas características permiten confundirlos con aquéllos, o como de la misma familia. Esta parcialidad está poco menos que extinguida y está refugiada en los ríos Zame y Mataveni, donde hacen cultivos que viven cambiando de un lugar a otro, no habiendo perdido todavía sus atavismos nómades. Pero el tipo clásico subsistente como representativo actual de la raza caribe, en quienes se la puede estudiar para desvanecer prejuicios, como el canibalismo y otros de la laya, son los denominados Guahibos, seguramente por una confusa pronunciación. En ellos se observa la condición vagabunda y la rapiña de sus primeros antepasados; se les encuentra por todas partes en el Llano y en sus ríos, como unos gitanos, con sus armas al hombro y sus hijos a la espalda, merodeando y haciendo cambios y contratos. Por un principio de adaptación hacen cultivos efímeros y explotan algunas industrias de paso, como la fabricación de mañoc, de que hacen su principal artículo de comercio, y el tejido de hamacas y cables que salen a vender al Orinoco, para traer pañuelos, avalorios y cuchillos. Son embusteros y desleales y se hacen bautizar por los blancos, cada vez que quieren ser obsequiados como catecúmenos; sin perjuicio de atacarlos y robarlos, si los cogen desprevenidos. Inteligentes, desenvueltos y audaces, hacen amistades con todo el mundo y hasta se conciertan en las haciendas y se ganan a los mayordomos con halagüeñas habilidades, para desaparecer de repente con cuanto han podido hallar a mano. Si se les maltrata, se sublevan y asesinan e incendian y se defienden como fieras. Los guahibos tienen su refugio en la banda derecha del Meta, sobre las hermosísimas praderas que riega con sus aguas cristalinas y puras el río Manacacías.

Otro tipo de Caribe más cerril que el Guahibo y menos conocido, es el Cuiva, que tiene su madriguera detrás del jeroglífico, en el triángulo que forman el alto Orinoco, el Meta y el Vichada, de donde no sale sino aguijoneado por el hambre en tiempo de crisis, a difundir la desolación y la muerte. Allí parece ocultarse el centro jerárquico de las tribus del Llano rebeldes a la civilización cristiana e invulnerables a la conquista. Ningún blanco, comerciante, investigador o misionero, ha penetrado en este último reducto de una raza invencible, o si ha logrado penetrar, no ha vuelto a salir.

Precursores de los Caribes, quienes los derrotaban hacia las cabeceras de los ríos, parecen ser los Achaguas, la más crecida parcialidad que encontraron en la región los españoles. Iban en ancha faja, desde las costas de Venezuela hasta los orígenes del río Meta y dicen los cronistas que, por la cordillera, hasta los orígenes del río Cauca. Después de haber surtido los mercados de esclavos durante mucho tiempo, especulación en que los extinguieron por timidez y mansedumbre los traficantes blancos, se refugiaron sus rezagos en las selvas de las vegas de los ríos Cravo y Casanare y allí se asociaron con los Sálivas que se les asemejan grandemente. A estos protectores los tenían en su simplicidad por hijos del sol. Y ellos a sí mismos se consideraban producto de los árboles. Por esta circunstancia se comprende que los Sálivas vinieron después que los Achaguas,

44

pues los conquistadores siempre se han hecho pasar como de un origen superior. Los Achaguas son muy inteligentes, sentimentales y supersticiosos y eran hábiles fabricantes de loza y demás objetos de cerámica.

Los Sálivas ocupan el tercer lugar por su número en los datos del censo de población de las llanuras del Meta que dan los cronistas. El estado de su desarrollo mental y la disciplina moral de sus costumbres les permitieron adaptarse al nuevo régimen de vida y a la civilización cristiana que les impuso la conquista española, y aunque degenerados y mermados grandemente por el doloroso y cruel contacto de una raza dominadora, hoy son en la llanura oriental de Colombia, como los Chibchas en la altiplanicie andina, un valioso elemento demográfico, digno de solícito cultivo. Para que el lector se forme ligera idea de ellos, bueno sería transcribir esta descripción: "Los Sálivas son atléticos, bien conformados y de rostro atractivo; su genio es sufrido y apacible; son sumisos, disciplinados y cumplidores de su deber; están organizados por familias o capitanías, en una especie de federación, bajo la obediencia de un jefe supremo, cuya autoridad sólo aparece manifiesta en casos difíciles para la tribu. Conocen y practican cuidadosamente la agricultura y la industria pecuaria y son muy hábiles para domesticar los ganados. Se conciertan a jornal en las empresas de los blancos y buscan el amparo social cerca de las parroquias y misiones y son, como los de la altiplanicie, católicos fervientes y amigos de hacer pomposas festividades religiosas, en cuyas advocaciones concurren, en forma de romerías, contritos y de buen humor, a las iglesias del contorno, por lejanas que parezcan. Grandemente aficionados a la música, se han transmitido de padres a hijos las enseñanzas que recibieron de los misioneros en otros tiempos y tocan con relativa gracia la flauta y el violín" (1).

---

(1) AL META, obra del autor. Bogotá, 1913, pág. 227.

Antes de su reducción circuncidaban cruelmente a sus hijos, como los hebreos, y alguna superioridad importante les reconocerían los numerosos Achaguas quienes eran sus esclavos cuando los consideraban en la prehistoria como hijos del Sol.

Esto de la circuncisión, práctica extraordinaria y por lo tanto característica, sirve de hilo de enlace de un modo oscuro en la demografía llanera para asociar a los Sálivas con los Othomacos, procedentes del Orinoco, que subieron del Meta por uno de sus principales afluentes, el Campanero, y que hoy yacen cerca de Arauca en pequeña agrupación degenerada y próxima a extinguirse por el vicio de comer tierra blanca a falta de sal. Los Othomacos, según el Padre Gumilla, practicaban al uso hebreo, además de la circuncisión, las abluciones y las unciones con óleos como ritualidades religiosas. Esto lo observó cuidadosamente el célebre misionero del Orinoco hace doscientos años. Representaban los Othomacos a sus antepasados por medio de tres piedras superpuestas, a modo de efigie, y a esa especie de cultura rústica le rendían tributos propiciatorios. Enterraban a sus muertos con provisiones de comestibles y cántaros de licor, para que hiciesen el viaje eterno, al pie de aquellas piedras, y se prometían que las calaveras y esqueletos habrían de convertirse también en piedras sagradas. Ahora bien, los Laches, que moraban en lo macizo de la Sierra Nevada del Güicán, consideraban, según Piedrahita, que los muertos se convertían en las grandes piedras que se levantan medrosas y aisladas en medio de los campos, y como a tales, les rendían veneración. Además, pueden notarse en algunas leyendas de los Chibchas autóctonos de la altiplanicie, que creían lo mismo. Los Tunebos actuales, confundidos con los Yaruros y Othomacos, probablemente fueron derivados de los Laches de Güicán.

Hay un vínculo entre los dialectos de varias parcialidades llaneras que enlaza a las de la serranía, el cual fue denunciado por el Padre José Casini, de las Misiones Jesuíticas del Meta, cuyas trazas todavía se descubren entre los restos de aquellas parcialidades que subsisten aún. Los Guaipunabis, derivados de los Maipures del Orinoco, hablaban el mismo idioma que los Tames, Giraras y Airicos, situados en la falda de la cordillera, de los que subsisten, en el sitio de Betoyes, los Macaguanes que subieron del Meta en lenta migración por el río Ele.

Además del río Ele, cuyo curso se ve claramente que tomaron algunas migraciones relativamente recientes del Orinoco, hay otros afluentes del Meta, más seductores que aquél, como el Casanare, procedente de las fuentes saladas de Chita, el cual por su importancia le presta su nombre a toda la región, y el Pauto, navegable en canoa durante cuarenta leguas hasta el pie de la cordillera, cuyo caudal de 300 metros cúbicos por segundo en verano, lo hace confundir con el principal. Este río condujo la interesante migración de los Tamas, ya extinguida, quienes dejaron nombres geográficos de etimología chibcha, como Nunchía, Guachía, Vijua, Moniquirá, Cuazá, Chaguazá, Ochica, Buasía, en los contornos de las fuentes saladas que por allí vierte la cordillera. Vijua se llamaba el pueblo que después llamaron los españoles de la Sal y que se designa hoy con el nombre de Labranzagrande. Respecto de Moniquirá es curioso observar que así también se llamaba el sitio donde estaba el templo del Sol, en Sogamoso, así como varias veredas o partidos distritales de la Provincia chibcha. Seguramente a estas colonias del pie de la cordillera, sobre el llano, se refería el Padre Casini cuando dijo que quien conocía su idioma podía andar sin intérprete por el Nuevo Reino.

El río Pauto debió de ser, pues, en la prehistoria el sendero de las migraciones hacia Sogamoso, como ha continuado siendo hasta nuestros días la arteria aorta del Llano para el Departamento de Boyacá.

Corrientes de menor importancia continúa recibiendo el Meta como las crines de una cola de caballo, para comunicar con el Llano varios boquerones de la cordillera, como el de Garagoa, Guavio y Guayuriba, todas impregnadas de sal, los cuales pudieron servir de acceso al país, como sirven hoy, para comunicar la altiplanicie chibcha, por el valle de Tenza, por Gachetá, y por Cáqueza con la gran llanura oriental que riega el inmenso Orinoco.

En el curso del presente libro habrá oportunidad de trazar las huellas de las migraciones de oriente por estas brechas de la cordillera.

CAPITULO III

COMPLEXION FISICA DEL CHIBCHA

La conformación fisiológica del indio de la altiplanicie andina se ha hecho bajo una atmósfera enrarecida y a una temperatura ambiente casi uniforme. Tanto ésta como aquélla han intervenido en la construcción del esqueleto especialísimo del chibcha para que pueda desempeñar cómodamente sus funciones fisiológicas. El indio nativo de la costa, bajo muy diferentes condiciones de presión y temperatura, dispone de un organismo anatómico muy inadecuado para vivir cómoda y agradablemente en las grandes alturas de los Andes.

La mentalidad y el trabajo físico de uno y otro, al compararlos, ofrecerían diferencias muy perceptibles, dependientes de la capacidad cerebral, del volumen torácico, del tamaño del corazón, de la longitud de los brazos y de las piernas y de la fortaleza de todos los músculos. Todos estos órganos afectan dimensiones distintas y dan un rendimiento de trabajo diferente, lo cual establece rasgos característicos de raza, que influyen poderosamente en la diferenciación humana. Diferencias notables de intelectualidad, de moralidad, de carácter, de aficiones, de conocimientos, de métodos, de costumbres, de labores, etc., etc., tenían necesariamente que ofrecer a lo largo del itinerario migratorio muy diversas organizaciones sociales, políticas, religiosas e industriales; tribus definidas por sus condiciones étnicas, por sus prácticas religiosas, por sus sistemas de gobierno, por sus costumbres de vida y hasta por sus atavíos; naciones fuertes, expansivas y conquistadoras, al paso que agrupaciones decadentes, tímidas y serviles, según el grado de adaptación al suelo y según el cúmulo de energías economizadas en la lucha de adaptación, merced al medio propicio.

No es nuestro ánimo reconstruír este escalafón social según el clima, para lo cual nos dejaron los cronistas muy escasos, cuando no erróneos y calumniosos informes. Basta a nuestro propósito únicamente definir los caracteres biológicos del chibcha, modelados por el medio ambiente y las condiciones del suelo con el objeto de fijar hasta donde sea posible el estado social de este pueblo antes de su desastrosa conquista y de haber sido sometido a la servidumbre degenerante por los españoles, no ofrece los suficientes y genuinos elementos para la reconstrucción el indio actual en su intelecto oscurecido por cuatro siglos de artificios mentales, ni en su ética pervertida por la injusticia de veinte generaciones de explotadores, ni siquiera en su físico, sometido a millares de días de hambre, desnudez y falta absoluta de higiene. Cabe aquí pronunciar una enérgica maldición a los dioses tutelares de esta raza infortunada, por no haberla protegido contra sus enemigos ni aun bajo el pendón piadoso de la democracia republicana!

En 16 aspiraciones por minuto, un adulto ingiere en su organismo para las funciones vitales 3.425 gramos diarios de oxígeno al nivel del mar y solamente 2.525 bajo la presión atmosférica de la altiplanicie; lo que representaría una merma alimenticia de 900 gramos diarios, con el consiguiente detrimento en las actividades cerebrales. Para restablecer el equilibrio funcional, la lucha de adaptación impone una modificación biológica, a fin de aumentar el fuelle respiratorio y la capacidad torácica, así como el sistema circulatorio. Para que durante el mismo tiempo penetre al pulmón mayor cantidad de aire, se necesitan puertas de entrada de mayor magnitud; por este motivo las ventanillas de la nariz y la boca de los indios del altiplano deben ser más grandes que las de los hombres habituados a una presión atmosférica mayor. Una nariz chata y de fuelles explayados sobre el rostro y una boca extendida casi hasta las orejas dejan poco espacio a la magnitud de los ojos y al desarrollo de la frente. Si se comparan estas proporciones fisonómicas con las del tipo europeo y bajo el punto de vista estético, resulta que nuestros aborígenes necesariamente tenían que ser feos y por consiguiente antipáticos. Afortunadamente para ellos, esta condición negativa no influyó en los tiempos prehistóricos en la formación del carácter de la raza; porque todos los indios eran igualmente feos. Por el contrario, la ponderación de aquellas proporciones fisonómicas constituía en su concepto el tipo de la belleza y así vemos en sus ídolos verdaderos monstruos de fealdad y cómo por medio de artificios procuraban exagerar la magnitud de sus desgraciadas facciones.

El tamaño del pulmón y la capacidad torácica, por la mayor cantidad de aire pobre que deben contener en estas alturas, imponen también un gran desarrollo del busto, hombros levantados y anchas espaldas. Si a esto se agrega la menor potencia de la bomba cardíaca para conducir la sangre por largos canales, se impone el encogimiento de las piernas y de los brazos, con lo que resulta una figura barriluda y saporra. Aunque los músculos que mueven este organismo robusto fueran gruesos, la mecánica de sus dimensiones reduce el campo de sus actividades a labores de curiosidad y esmero más que de fuerza y rapidez. Los indios, pues, eran propensos por su naturaleza a la vida industrial, sedentaria: la agricultura, los tejidos, la cerámica, la joyería. La anchura de los lomos y la robusta musculatura de las piernas les permitía echarse a espaldas grandes cargas para transportarlas a paso corto en sus excursiones comerciales. Pequeños los pies y de cortos dedos, tenían que expandirse y replegarse para servir de sustentáculo al peso del cuerpo adicionado así. Las plantas de los pies de los Chibchas, con sus dedos desplegados a modo de flor, dejan en el lodo de los senderos una huella característica. Asímismo, las manos de los Chibchas son cortas y de pequeños dedos, auxiliares eficaces en esta forma para sus labores industriales. La concordancia, justa y armónica, entre el organismo chibcha y los menesteres artesaniles que les imponían las condiciones de su vida y las exigencias del medio, determinaron una sorprendente habilidad industrial y una irrevocable consagración profesional, de la que no han podido salir a través de sus azares y desventuras de cuatro centurias.

La disciplina de pacientes labores debió desarrollar en el chibcha la ecuanimidad en el genio, la dulzura en el carácter y el metodismo en las costumbres. No fueron, probablemente, los Chibchas aficionados de por sí a la guerra; pero debieron constituír un grupo sólido que ofrecía gran resistencia estática a la disputa de su territorio, de aquel suelo que los formó a su talante y manera para ocuparlo en forma patrimonial irrevocable. Tenían como auxiliar en esta defensa contra pretendidas invasiones de sus vecinos aguerridos, la fuerza asimiladora del medio que en breve tiempo somete al forastero a la fatalidad de su modelación, es decir, a una especie de reacuñación que nacionaliza a la vuelta de pocas generaciones.

En cambio, la dinámica de un mestizaje frecuente con elementos étnicos educados en las breñas ásperas de la montaña, en condiciones de agresiva modelación, ingería en la sangre chibcha correctivos contra su pasividad e incorporaba en su diferenciación social elementos dominadores aristocráticos de orden parasitario. El militarismo chibcha fue, pues, de procedencia caribe: los guerreros Panches tuvieron, en un principio, abierto el portillo de

Fusagasugá sobre el redil de tímidas ovejas humanas que la mansedumbre de los lagos andinos había creado en sus poéticas orillas. La intrusión del contingente caribe agresivo fundó el Gobierno militar de la Sabana de Bogotá. Otro fue el origen de la dinastía divina de los Zaques de Tunja y del Gobierno teocrático de Sogamoso, emparentado étnicamente con ella por su procedencia llanera.

Esas formas de gobierno, atemperadas apenas al medio ambiente de la altiplanicie, no corresponden con el estudio a que hemos consagrado el presente capítulo de la biología chibcha, y por esta razón las relegamos para después.

Si conocemos al chibcha en su aspecto físico por las muestras que de ellos nos han quedado, no podemos formarnos una idea precisa de sus condiciones morales, allende la conquista, ni de sus facultades mentales modeladas también por el ambiente y por las caricias del paisaje. Esta tarea de reconstrucción psíquica es de un orden más complejo que el empleado en el presente capítulo para la explicación biológica, por haber desaparecido los elementos necesarios. La mentalidad y el carácter del indio actual no pueden servir de indicio por las deformaciones sufridas a causa de la educación, bajo un régimen mental exótico y bajo las nuevas condiciones de vida que les ha tocado soportar. El paisaje mismo de la época prehistórica ha cambiado, y se impone la necesidad previa de reconstruírlo. De las sugestiones de aquel paisaje antiguo sólo nos quedan incompletas, cuando no arrevesadas leyendas, cuyos vestigios es difícil articular para devolverles su armonía de conjunto. Los cánticos, la música, la alegría de las fiestas, las ritualidades religiosas, las nociones científicas y muchas otras manifestaciones de la espiritualidad de la raza naufragaron en la Conquista, y únicamente nos quedan de ellas la noticia, transmitida en vagas crónicas, de que ennoblecieron la vida del pueblo chibcha como atributos de su estado de civilización.

CAPITULO IV

PAISAJE PREHISTORICO
DE LA ALTIPLANICIE

En los remotos tiempos del pueblo chibcha, de los cuales no quedó sino el perfume vago de las leyendas, el suelo de la altiplanicie no era lo que hoy se ve; no había sabanas y valles esmaltados de gramíneas, sino grandes lagunas solitarias, encerradas entre cerros, con tal cual isla cubierta de bosques, refugio de los venados. Imagínese el lector la hermosa Sabana de Bogotá, por ejemplo convertida en un mar, de reflejos tornadizos, risueño a veces y a veces furibundo, azotado por el huracán. Los vientos fríos del Boquerón y las brisas de occidente que vienen del valle profundo, se encontraban y formaban remolinos y corrientes en la linfa, que iban modelando las curvaturas del subsuelo. Al observar la inclinación general de los árboles en el centro de lo que ocupó aquel mar, se comprende que el viento predominante viene de la cordillera y que el oleaje del mar aquel debía de azotar y carcomer las faldas de la pequeña serranía que lo contenía por el lado opuesto. La impresión de ese oleaje se puede ver en los cerros de la "Boca del Monte", en el Distrito de Bojacá. Allí se juzga de la grande altura de las aguas y de la profundidad de este mar superandino antes de que Bochica hubiese roto su barrera con la vara mágica. Por el corte geológico que resulta de las perforaciones para pozos artesianos practicadas en el centro de la Sabana, también se deduce de la superposición de capas sedimentarias cuán profundo debió de ser el lago de Bogotá y se presume cuántos siglos requirió su colmataje.

Una reconstrucción del pasado puede imaginarse respecto del irregular lago de Ubaté, Susa y Chiquinquirá, con menor esfuerzo mental; porque de él han quedado las lagunas de Cucunubá y Fúquene, las cuales periódicamente recuperan el suelo perdido e inundan los valles que ocupan. La pequeña laguna de Cucunubá, en cuya cuenca tiene su nacimiento el río Saravita, derrama en la poceta de Palacio y ésta en la enorme laguna de Fúquene que contornea las llanuras de Susa y Simijaca y prolonga una manga de agua hasta los pies de la Villa de los Milagros (1), formando como un rosario de pozos, unidos por canalizos utilizables para la navegación.

Separados los lagos de Bogotá y Ubaté por la elevada barrera que forman los páramos de Tausa, el primero bota sus aguas hacia el sur y el segundo hacia el norte, reuniendo éste las vertientes de otro lago secundario que le quedaba al costado oriental y que hoy forma el valle de Tinjacá y Leiva. A este valle van las aguas de una lagunita enclavada en alta serranía, llamada Iguaque, cuyo nombre no debe olvidarse porque guarda interesantes leyendas del pueblo chibcha, como la cuna del género humano.

Más al oriente del lago prehistórico de Tinjacá, interpuesta una cordillera, queda el nacedero del río Chicamocha, al pie de la ciudad de Tunja, río que formaba también un tortuoso lago, estrecho al principio de su curso y más amplio al llegar a las cuencas de Paipa, Duitama y Sogamoso, antes de arrojarse hacia las tierras bajas en el peñón de Tópaga.

_____

(1) La ciudad de Chiquinquirá, llamada vulgarmente así por el cuadro milagroso de la Virgen que allí se venera.

De modo que estas tres grandes cuencas lacustres, constitutivas de la altiplanicie, alimentan tres ríos que riegan tierras dispersas y están encajados en sendas tazas rocosas que se agrupan entre sí en acordonaduras de altos cerros. El páramo de Gachaneque, macizo el más elevado situado en el centro del país de los Chibchas, es el *divortio aquorum* que dispersa las corrientes en todas direcciones y sirve de centro de enlace a las tierras del contorno. Por este cruzamiento de cordones cordilleranos corrían los caminos transitados por los primeros ocupantes del territorio para comunicar sus dependencias. El eje del levantamiento, paralelo a la cordillera madre, que sustenta este sistema de lagos además de los tabiques de contención que los encerraba por sus extremos, tiene un macizo central de enlace, el cual arroja contrafuertes tallados en diferentes planos inclinados en onduladas faldas, regadas por pequeños riachuelos. Este macizo tiene una rajadura profunda y sinuosa que recolecta las aguas del río Garagoa y atraviesa la cordillera madre por un dentellado boquerón para llevarlas al Meta. Es interesante observar cómo aquel macizo de divorcio de aguas, que arroja penínsulas de penetración sobre los antiguos lagos, está en comunicación por esta cañada con la llanura oriental, semillero de migraciones humanas. Tal parece esta brecha el sendero trazado por la Providencia para conducir a los hombres a una tierra de promisión.

Cuando el excursionista actual recorre estas laderas y ve los peñascos erectos que el oleaje y las lluvias desnudaron, sin estar sometido al prejuicio de que esas peñas son hombres petrificados, siente la sugestión de que algo que tuvo movimiento y vida se detuvo de repente para adoptar una actitud estática de muda contemplación. Los planos enfrentados hacia la hondonada dan efecto de algo que especta un arcano en el espacio vacío; las maclas, álveos y geodas irregulares que la gota de agua horadó, hacen pensar en las cuencas de un ojo muerto; los apéndices irregulares que el peñasco proyecta, como brazos en actitud dramática, sugieren la idea de emociones pavorosas. Se impone a la mente un escenario de trágicos que representan el acto de las fuerzas genésicas al través de los siglos. Para galvanizar estos esqueletos expresivos y darles una especie de vida espasmódica, el viento de la paramera se desliza entre ellos para mover los mechones vegetales que los coronan y los andrajos del liquen de que están revestidos, y un rumor de ecos misteriosos, como oraciones o lamentos, musita al rozar contra sus aristas. En algunas de estas piedras hay una leyenda, escrita con tinta roja en signos indelebles. De este modo la historia de los tiempos muertos parece clamar para que la escuchen los hombres que pasan.

Por una fácil correlación de ideas entre los fenómenos geológicos y las generaciones humanas que los presenciaron y de ellos derivaron su existencia, se concibe la vida de un pueblo sedentario a la orilla de las lagunas en expectativa centenaria, modelando su conformación biológica, su mentalidad, su mitología, su idioma y sus artes al compás de los cambios que iba ofreciendo el paisaje. El náufrago de las corrientes indostánicas ya no es el mismo colono de las llanuras del Meta; no es el pescador de los lagos; el troglodita de los peñascos ya no es el mismo labriego que labra la tierra de las breñas donde hace cascadas el arroyo.

En el momento de su última transformación, cuando va a extender su dominio sobre las llanuras lacustres para constituír en ellas un imperio civil y teocrático, con instituciones y con ejército, lo miramos acurrucado a la orilla de las lagunas, como las piedras que lo simbolizan, contemplando un paisaje que habrá de ser como el troquel que le imprima su definitiva modalidad.

A su espalda tiene el cerro adusto, medroso y sugerente de macabras divinidades, envuelto en neblinas, donde muge el viento, se desata la tormenta y fulmina el rayo como manifestaciones de la cólera de los dioses. El viajero que cruzaba los senderos de la montaña a la luz del crepúsculo, se amedrentaba al oír el chillido del ave nocturna y el eco de sus propios pasos en las oscuras encrucijadas, y pensaba aterrorizado que lo perseguían las sombras de sus antepasados. Así se abrió al misterio, en las profundidades de los sepulcros, de la noche y del abismo del pasado, un mundo de fantasías, colmado de oráculos.

Al frente tenía el indio supersticioso la linfa inquieta, vivaz, voluntariosa o agresiva, que le ofrecía alimento diario y lo arrullaba con el murmurio de sus ondas cantarinas, como una madre amorosa, severa en veces y fecunda siempre en favores, en cuyo seno incrustado bullía y se agitaba el principio genésico de la vida. En sus orillas, que se retiraban de año en año dejando en seco un suelo fecundo, crecía el junco flexible, ligero y ondulante a la brisa, en cuyo vértice se columpiaba y croaba la rana, primogénita de la laguna, como el párvulo desvalido que pide alimento a su madre. El hecho inexplicable de surgir la rana, tan semejante en su figura a los niños y tan sentimental como ellos, del seno prolífico de las lagunas al besarlas el sol con ósculo nupcial, debió de abrir en la suspicacia de los hombres un ventanal hacia la génesis misteriosa del espíritu humano y de sus destinos de ultratumba.

Y por último, como la suprema sugestión del paisaje para formar en el corazón del indio una religiosidad pomposa y sensual, se cumplía el reflejo místico de la laguna en las tardes serenas del drama eterno de los cielos que satura las profundidadas del infinito con la más excelsa sublimidad de las pasiones: los amores del Sol y la Luna. En un horizonte deprimido, donde se confunden la linfa plateada, el gris de la colina lejana y el cendal vaporoso de la nube, se reclina el Sol, destellante y soberbio, en un lecho de ópalo y topacio, y lanza una evocación sobre el firmamento en lampos de gloria, a cuyo ensalmo surge la Luna tras de la sierra negra, entre copos alabastrinos, como la novia cándida a una cita de amor. Así, en la serenidad de las noches luminosas, se iba levantando en la fantasía de los Chibchas el Olimpo pasional de sus dioses.

CAPITULO V

LA DIOSA AGUA
Y LA MITOLOGIA FORASTERA

"¿Habéis adorado en las lagunas?", es una de las preguntas del catecismo para la confesión de los Chibchas que trae inserta el Padre Lugo en la gramática sobre el idioma muisca o mosca, y según el cronista Simón (1), eran las lagunas los principales santuarios de estos indios. Lo cual quiere decir que aquéllas eran residencia de alguna sublime divinidad de estos sentimentales indios, quienes veían en ellas una providencia llena de encantos y misterios. Los más ricos y cariñosos tributos rendían en sus orillas al son de alegres músicas y en el frenesí de sus danzas: pececillos de oro, finas esmeraldas, terracotas henchidas de ofrendas y los mil primores de la industria indígena eran arrojados a las aguas al compás de las salmodias de los Jeques y de los cánticos de la muchedumbre engalanada, en las que se proclamaban las virtudes de la diosa y se rezaban sus leyendas prodigiosas. *Sie* o *Sia* llamaban a esta divinidad sublime, a quien personificaban y adoraban en su advocación masculina en la laguna de Siecha. Encomendaban los Chibchas la ventura de sus hijos recién nacidos a la fatalidad de las ondas, por medio de un flotador empapado en leche maternal, en

_____

(1) Noticias Historiales. Vol. II, pág. 284.

representación del infante, y tras de los caprichos de la corriente nadaban algunos mozos en auxilio del náufrago "y si el rodillo se volvía entre el oleaje del agua antes que lo alcanzasen a tomar, decían había de ser desgraciado el niño por quien se hacía aquello; pero si lo recobraban sin trastornarse, juzgaban había de tener mucha ventura, y así contentos se volvían a casa de los padres y diciendo lo que había pasado, se hacían fiestas según el suceso" (1). En esta forma encomendaban su vida a la providencia de la diosa Sie.

La primera ofrenda del Chibcha a su divinidad consistía en la entrega de sus cabellos. Los convidados a la fiesta del nacimiento le cortaban el pelo al infante y provisto cada cual de un mechón, después de darle al recién nacido el primer baño, como sagrada unción, botaban al agua sus cabellos en señal de tributo a la diosa. Según Piedrahita, este era una especie de bautismo.

Aunque el clima frío es impropicio para los frecuentes baños, los indios de la altiplanicie los usaban como recurso terapéutico y como piadosa ritualidad en las lagunas, con solemnes ceremonias. La tradición mantiene el recuerdo de diversas festividades en honor del agua, independientes de las célebres abluciones del dorado. El Cacique de Chía tenía para sus baños solemnes la fuente de Tíquisa, a la que se trasladaba con gran pompa con toda su corte en procesión, para ungirse en sus aguas. Cerca de las fuentes de Tabio se descubre todavía el emplazamiento circular del templo o piscina para los baños sagrados del príncipe, cuya juventud vigilaban los sacerdotes como si se tratara de la pureza de una doncella sagrada. En las piedras de Facatativá hay un jeroglífico donde se conmemora el sendero que recorría el Cacique de Bojacá para trasladarse

---

(1) Obra citada, pág. 304.

61

a la laguna de Tena, llamada hoy Pedropalo, y en esta todavía subsisten los vestigios de la calzada que daba acceso a sus yertas aguas. Teusaquillo, donde se fundó la ciudad de Santafé, en el sitio de baños del Zipa de Bacatá.

La ceremonia de "correr la tierra" era una gran fiesta que celebraban todos los Caciques chibchas en honor del Agua. "Coronaba los montes y las altas cumbres la infinita gente que corría la tierra, encontrándose los unos con los otros; porque salían del valle de Ubaque y toda aquella tierra con la gente de la Sabana grande de Bogotá, comenzaban la estación desde la laguna de Ubaque. La gente de Guatavita y toda la demás de aquellos valles, y los que venían de la jurisdicción de Tunja, vasallos de Ramiriquí, la comenzaban desde la laguna grande de Guatavita; por manera que estos santuarios se habían de visitar dos veces. Solía durar la fuerza de esta fiesta veinte días y más, conforme el tiempo daba lugar, con grandes ritos y ceremonias; y en particular tenían uno de donde le venía al Demonio su granjería, demás de que todo lo que se hacía era en su servicio. Había, como tengo dicho, en este término de tierra que se corría otros muchos santuarios y enterramientos; pues era el caso que en descubriendo los corredores el cerro donde había santuario, partían con gran velocidad a él, cada uno por ser el primero y ganar la corona que se daba por premio y por ser tenido por más santo" (1).

La entrada de la pubertad de las mozas chibchas era celebrada con una ceremonia de purificación por medio de las aguas, según lo refiere nuestro muy informado cronista Simón (2). Por en medio de dos filas de honor se conducía al baño de consagración a la diosa Sia, para iniciarla bajo su amparo en la vida de la mujer. "Cuando a la doncella le

---

(1) Rodríguez Freile, El Carnero, pág. 21.
(2) Vol. II, pág. 291.

venía su mes por primera vez, le hacían estar sentada seis días en un rincón, tapada con una manta cabeza y rostro, después de los cuales se juntaban algunos indios que llamaban para esto, y puestos en dos hileras como en procesión, llevándola en medio, iban hasta un barrio (río) donde se lavaba, y después le ponían el nombre Daipape, que es lo mismo que nosotros llamamos doña fulana, y volviéndola con esto a la casa, hacían las fiestas que solían de chicha".

Las mujeres encintas, para dar a luz, se retiraban solas a la orilla de un río, donde se bañaban con su hijo, inmediatamente después del parto. "No se han hallado parteras en esta tierra, porque no son menester", agrega el cronista; tal era la eficacia del agua.

La consagración de los Jeques o sacerdotes chibchas también se hacía mediante un baño solemne, para estar purificados en una vida de penitencia. Los fieles que querían hacer ofrendas por el intermedio indispensable de los Jeques, también debían purificarse previamente en las aguas sagradas, para que los dioses les fueran propicios.

Algunos Caciques disponían que al morir, se arrojasen sus cuerpos, con sus riquezas como ofrenda, al seno de las lagunas y en ciertas ocasiones los Jeques, a cuyo cargo estaban las honras fúnebres de los grandes Jefes, desviaban el cauce de los ríos para hacer allí las sepulturas, volviendo después a cubrirlas con las aguas, bajo cuyo amparo habían de dormir el sueño eterno.

Todo esto demuestra que la vida de los Chibchas estaba consagrada desde la cuna hasta el sepulcro, a la providencia de la buena diosa Sia.

—"Sí, Padre, hemos adorado con todo corazón en las lagunas!", contestarían los catecúmenos, al confesar su culpa de amor por la diosa, y temerosos de su venganza, en su mal consolidada nueva fe, huían del agua. El indio cristiano no volvió a bañarse.

El cariñoso rito del Agua debió de merecer entre sus adoradores una gran diversidad de ceremonias y festivos aspectos, de los cuales no alcanzaron a darse cuenta los cronistas; pero queda de ellos un rastro perdido en los nombres de algunos sitios: *Siatá* (la labranza del agua), *Suacia* (el agua del sol), *Siachoque* (el trabajo del agua) y algunos otros nombres geográficos cuya traducción no se nos alcanza, como *Cacasía, Tobasía,* etc., demuestran que la placentera divinidad gozaba de una múltiple concepción en la fantasía de los Chibchas, bajo la sugestión impositiva del paisaje lacustre.

De este rito fundamental se desprende toda la mitología Chibcha que pudo tener influencia en las costumbres y en la moral de este pueblo inclusive el culto sanguinario del Sol, como lo veremos más adelante. El mito de Bachué, padre de los hombres; el de Bochica, su protector y organizador social; el de Cuchaviva, que en el arco iris les prometía perdón de las lluvias y la enhorabuena de las madres, todos son hijos del agua viva, como divinidad placentera y benéfica, de soberano imperio, cuya influencia era inmediata y cuyo favor estaba al alcance de las plegarias de los hombres.

Sobre el rito de las lagunas forjó la imaginación de los Chibchas la más popularizada de las leyendas americanas. Los españoles tuvieron noticias de ella en Quito, donde se le dijo a Belalcázar que andaba por allí un indio de Muequetá, quien refería la estupenda leyenda de la ablución de un rey cubierto de oro en una laguna sagrada. Rodríguez Freile, en el capítulo II de su libro "El Carnero", describe la ceremonia y dice que tenía por objeto la consagración del Soberano en el Gobierno del Reino, según se lo refirió a él un descendiente de la familia real de Guatavita. La leyenda de *El Dorado* entraña la tradición del Poder civil bajo la égida de la divinidad tutelar de los Chibchas. Los cendales de ensueños, de amores dramáticos y de oráculos religiosos, en que está envuelta, son elementos que pueden servir para formar idea sobre el modo de pensar de este ignorado pueblo. Sin los apéndices de su propia cosecha sobre el Diablo, con que la adorna el cronista, la historia de aquella ceremonia es como sigue:

La esposa de Guatavita fue acusada de gravísimo pecado de adulterio con un caballero de la corte y el Príncipe ofendido condenó al seductor a muerte, según la ley en uso, y a la adúltera a comerse en un banquete público aquello que pudiera llamarse "el cuerpo del delito", en medio de la chacota de los convidados. No pudo la Cacica sobrellevar esta afrenta, y con gran sigilo, huyó del cercado con una hijita de pocos años en sus brazos, por el camino de la laguna. Los Jeques que guardaban el Santuario rumiaban distraídos el hayo de ritual, cuando fueron sorprendidos por el ruido de un cuerpo que caía al agua: era la Cacica que se había lanzado desde lo alto de la barranca, quien sobrenadó un momento y se consumió para siempre. Angustiados los Jeques, corrieron al cercado a dar cuenta al Guatavita del suicidio de su esposa. El más terrible arrepentimiento hizo presa del corazón del Cacique, enamorado de su mujer, a quien había condenado al oprobio, y en su afán por salvarla de la muerte, ordenó al más hechicero de los Jeques que buceara la laguna y la devolviera a la vida, junto con su hija. Buceó el Jeque, por medio de unos guijarros hechos ascua, y volvió con la razón de que la Cacica se había desposado con el dragoncillo de la laguna y que estaba feliz en su nueva vida. No se aquietó el Cacique con el recado del Jeque, y le hizo bucear otra vez en busca de la niña, la que salió muerta y con los ojos comidos por el dragoncillo, "y así volvió a mandar echar el cuerpecillo a la laguna, donde luego se hundió, quedando el Guatavita sin poder consolarse en nada, por lo mucho que quería a su hija y madre, no obstante lo que había usado con él". Sinembargo, al conjuro de los Jeques, la Cacica solía aparecer sobre las ondas, para pronosticar los sucesos.

A fin de propiciar a esta divinidad antropomórfica de la laguna, le tributaban allí valiosas ofrendas y el Cacique cubría de oro su cuerpo para darse en sus aguas un baño solemne todos los años, convocando para ello a sus numerosos Usaques y vasallos.

Parece guardar relación la anterior leyenda con dos objetos hallados en la región, consistente el uno en una balsa de oro ocupada por varias figuras del mismo metal que parecen representar al Cacique y a sus Jeques en el momento de la ceremonia, y el otro consistente en una terracota que representa la imagen de una Cacica con su cetro, ataviada con un casco guerrero, en el que culmina una diadema de caracoles, como símbolo de poderío acuático.

Concordante con este mito de las aguas es la leyenda por medio de la cual explicaban los Chibchas el principio del género humano y la población de la tierra.

En la serranía que separa el valle de Tunja del valle de Zaquenzipa, a dos leguas al noreste de la ciudad de Leiva, enclavada en empinados cerros de difícil acceso, hay una laguna desolada y lúgubre, llamada hoy de San Pedro, azotada por los vientos del páramo. Nadie sabe en los contornos lo que aquella triste laguna implicó en el sentir de los Chibchas como origen del género humano; y de lo que fue el pueblo de Iguaque, situado en el valle al pie de esa cuna de la humanidad indígena, no quedan sino las ruinas de una iglesia, construída por los españoles en el sitio ocupado por el templo consagrado a la primera pareja que surgió de las aguas en el amanecer de los tiempos. Bachué o Furachogua, que significa mujer buena, "sacó consigo de la mano un niño de entre las mismas aguas, de edad de hasta tres años, dice el cronista, y bajando ambos juntos de la sierra al llano donde ahora está el pueblo de Iguaque, hicieron una casa donde vivieron hasta que el muchacho tuvo edad para casarse con ella; porque luego que la tuvo se casó, y el casamiento tan importante y la mujer tan prolífica y fecunda que de cada parto paría cuatro o seis hijos, con lo que se vino a llenar toda la tierra de gente, porque andaban ambos por muchas partes dejando hijos en todas, hasta que después de muchos años, cuando la tierra llena de hombres, y los dos ya muy viejos, se volvieron al mismo pueblo, y del uno llamando a mucha gente que los acompañara a la laguna de donde salieron, junto a la cual les hizo la Bachué una plática exhortando a todos la paz y conservación entre sí, la guarda de los preceptos y leyes que les había dado, que no eran pocos, en especial en orden al culto de los dioses, y concluído se despidió de ellos con singulares clamores y llantos de ambas partes, convirtiéndose ella y su marido en dos muy grandes culebras, se metieron por las aguas de la laguna, y nunca más aparecieron por entonces, si bien la Bachué después se apareció muchas veces en otras partes, por haber determinado desde allí los indios contarla entre sus dioses en gratificación de los beneficios que les había hecho".

De la laguna, pues, salió la especie humana, según la leyenda chibcha, y a esperar en la laguna el curso de las edades volvió la madre de los hombres, transfigurada en un símbolo. Este símbolo del dragoncillo o la culebra, como dueño de las lagunas, reaparece en otras leyendas de orden secundario y ha persistido en la imaginación popular a través de cuatro siglos de civilización cristiana, como un atavismo imperativo de la raza. La idea del campesino moderno de que en las lagunas hay monstruos dormidos que pueden despertar a sus gritos y que contestan en el eco de los peñascos que circundan el piélago, cual si fuera la voz de un oráculo, no es sino la evocación involuntaria de la divinidad de las aguas, personificada por los antepasados en la madre Bachué y en la profetisa Cacica de Guatavita.

El culto del Agua, con todos sus rituales, sus misterios y sus símbolos, afectó, como se ve, las condiciones necesarias de una religión de amor, capaz de satisfacer los anhelos del corazón, cuyos preceptos hubieron de formar un pueblo manso, sencillo y benévolo. Hija del paisaje lacustre, la religión nacional de los Chibchas, al contacto poético del agua, modeló una mentalidad imaginativa, un idioma metafórico, una industria ofrendaria, en una palabra: una sociología característica.

Dentro de este armónico conjunto mental, aparecen, según la tradición de los cronistas, ciertas incrustaciones mitológicas que carecen de arraigos en el paisaje, de índole y modalidad extrañas, sobre cuyos atributos y aún sobre cuyos nombres hay una loca confusión. Tal parece que estas entidades tuvieran su genealogía en un Olimpo extranjero y que hubieran sido transportadas a un medio impropicio, donde hablan un idioma incomprensible, donde no satisfacen los anhelos trascendentales del pueblo y donde, por consiguiente, han sufrido deformaciones extravagantes en desacuerdo con la lógica de una teología racional. Difícil sería encontrarles el lugar de su origen, disfrazados y contrahechos por el nuevo régimen mental a que han venido a adaptarse: pero el análisis de sus orígenes ideológicos serviría, sin embargo, al efecto de descubrir las diferentes migraciones que fueron cayendo al país para colonizar sus tierras y mestizar en la raza autóctona que desde tiempos inmemoriales lo poseía, identificada con sus imposiciones genésicas.

Por vía de ensayo y como una noticia complementaria sobre la mitología, definiremos ligeramente, para terminar este capítulo, algunas divinidades advenedizas, a fin de hacer ver una superposición de mitos. *Chiminigagua,* dios creador, según el cronista Simón (1), en el cual estaba encerrada la luz, la difundió en el universo por medio de unas aves negras que echaban por el pico un aire lúcido y resplandeciente, con lo que "quedó el mundo claro e iluminado como está ahora". Añade la noticia: "A este dios reconocen por omnipotente Señor universal de todas las cosas y siempre bueno, y que creó todo lo demás que hay en este mundo, con que quedó tan lleno y hermoso; pero como entre las demás criaturas veían la más hermosa al sol, decían que a él se debía adorar y a la luna como a su mujer y compañera; de donde les vino que aun en los ídolos que adoran, jamás es uno solo, sino macho y hembra". Según este autor, *Chiminigagua* es la causa primera, y sin embargo, la etimología de este nombre indica ser hijo de otro dios, *Chimini,* que debió de existir antes que él: la palabra *gagua* como afijo significa "hijo de" y así, por ejemplo, a los españoles los llamaban los chibchas *suagagua,* que quiere decir "hijo del sol". El precedente imperativo del idioma denuncia, pues, una confusión de este mito primordial, especie de Jehová hebreo, de quien parece derivarse.

Una mayor confusión se descubre en el "enviado de Dios", llamado por este atributo fundamental *Chimizapagua,* que tal significa este nombre, a quien designaban también Nemqueteba, Nemquerequeteba, Xue o Zuhe, Sadigua, Sugunsúa, y hasta Sugunmoxe o Sogamoso. Este personaje múltiple en atributos y apariencias, se presentó en la tierra veinte edades, de a setenta años cada una, antes de la Conquista, o sea al principio de la era cristiana. Predicaba el enviado la moral y enseñaba artes.

Con él vino una mujer que infirmaba lo que su esposo decía, como poseída del espíritu del mal, llamada también con varios nombres, Ju-

_____
(1) Vol. II, pág. 279.

beycayguaya, Huitaca, Chie, etc., a quien Chiminigagua convirtió en lechuza.

Chibchacun, el amigo o aliado de los Chibchas, personaje sin antecedentes olímpicos, cometió la maldad contra sus amigos de inundarles sus sementeras, arrojando sobre la sabana los ríos Sopó y Tibitó, en castigo de lo cual fue condenado por Bochica (entidad mitológica autóctona de quien nos ocuparemos especialmente en momento oportuno), a cargar la tierra sobre sus hombros, como si fuese otro dios Atlas. La hipótesis antigua de que la tierra se sostenía como una mesa sobre unos palos de guayacán, árbol de durísima madera que crece en las lejanas y profundas vegas, allá abajo, era parte de la genuina y original cosmogonía de los Chibchas y respondía a una explicación natural y simple. La idea de un bloque o sólido, de cualquier figura, esfera o paralelopípedo, que tuviese la tierra para poder echársela al hombro, implicaba una experiencia de circunvalación superior al concepto netamente chibcha. Los hebreos sí tenían este concepto de redondez de la tierra, según se deduce de los salmos de David, en uno de los cuales dice el Profeta: "Señor, tú has sido nuestro refugio, de generación en generación. Antes que los montes fuesen hechos, o formada la tierra y su rendondez; desde siglo y hasta siglo, tú eres Dios!" (1).

La prosapia extranjera de Chibcha-Cun está muy bien definida, gracias a que esta divinidad ha conservado su nombre y sus atributos al cambiar de patrias. En Egipto los tebanos llamaban *Con* al dios de la fuerza, según lo hace saber Bryante en su libro de mitologías antiguas, y Gomara en su historia de las Indias lo encuentra en el Perú como un pesado viajero, impalpable e invisible, rápido como el viento, que va levantando valles a su paso y aplanando montes. Viene del norte el terrible

_____
(1) Salmo LXXXIX, ver. 2.

viajero, y los peruanos llamaban *Con-tinamarca* al lugar de su procedencia, en lengua aymará. En Cundinamarca, Chibchacon era el dios de los terremotos que sostenía la tierra sobre sus potentes hombros y la hacía temblar cada vez que la pasaba de un lado a otro para descansar.

Como consecuencia de toda esta concurrencia de mitos forasteros en el país de los Chibchas, de imposible armonía y acomodo en la psicología popular, corría como válida entre los indios de Tunja una desconcertante explicación del origen del sol y la luna y sobre la creación del hombre. En la oscuridad del mundo no había más personas que los Caciques de Sogamoso, y su sobrino el de Ramiriquí, quienes hicieron para poblar la tierra, a los hombres de barro y a las mujeres de hierba. "Estaban todavía las tierras en tinieblas, y para darles luz mandó el Cacique de Sogamoso al Ramiriquí, que era su sobrino, subiese al cielo y alumbrase al mundo, hecho sol, como lo hizo; pero viendo no era bastante para alumbrar la noche, subióse el mismo Sogamoso al cielo, e hízose la luna..." (1).

_____

(1) Noticias Historiales, Vol. II, pág. 312.

CAPITULO VI

EL PROCESO DE LOS DESAGÜES

En las brechas del Tequendama, Saboyá y Tópaga, por donde se precipitan clamorosas las aguas de los ríos Funza, Saravita y Chicamocha después de su estancamiento en los valles de Bogotá, Ubaté y Sogamoso, respectivamente, se observa por las dentelladuras de los rocallosos cauces la magnitud del trabajo que debió de practicar la fuerza hidráulica para quebrantar y arrollar las barreras que se le oponían. Los enormes bloques de roca de peso incomparable, arrancados de su sitio y arrastrados por el torrente; la estructura formidable del desplazado peñón en que aquéllos estaban incrustados, en una trabazón de estratos yuxtapuestos de inconcebible resistencia, como para soportar el peso de una mole inmensa de cordillera; la enormidad del álveo socavado, desde lo alto del cerro hasta lo profundo del cauce, cuya cubicación arroja millones de metros cúbicos de enérgico obstáculo: todo ésto suma una cantidad de trabajo formidable. Comparada esta integral de trabajo con la energía actual del torrente, se encuentra que, aunque es muy grande esta potencialidad, capaz, por ejemplo, como para iluminar una gran ciudad, es, sin embargo, apenas la infinitésima componente de aquella soberana integral. Ese turbión de aguas que ensordece los ámbitos con sus rugidos y que se estrella enfurecido e impotente contra los peñascos que encuentra en su acometida, no ha podido ser capaz de derribar la cordillera, para practicar en ella un boquete de escape, en un instante de tiempo.

Ante semejante exabrupto de imposibilidad, acude impaciente la hipótesis presuntuosa a solucionar este conflicto de fuerzas y apela a un auxiliar apocalíptico, el cataclismo geológico, para explicar el magnificente fenómeno. La fuerza geológica, de percusión inconcebible propasando los límites de la concepción humana, se confunde con la potencialidad de los dioses eternos, y así, los indios que atribuyeron al piadoso intento de Bochica el prodigio de abrirle brecha a los lagos, coincidieron en su fantasía pintoresca con los sabios que atribuyeron a las fuerzas geognósicas ciegas la casualidad de abrir esa brecha, reventando en una época desconocida el eje de la cordillera por el punto de menor resistencia, que era el boquerón deprimido por donde se escapaban las aguas, desde el infinito del pasado, que pudiera decirse el principio de los tiempos. Lo ignoto y lo eterno caben en el mismo vacío de la inteligencia humana. No obstante esta equivalencia de vacíos mentales, dadas las consecuencias del desagüe para el beneficio de los hombres, parece más viable la explicación providencial de los Chibchas que la hipótesis petulante de los sabios, que aunque unos y otros se engañaron, reduciendo el acto supremo a un instante y a un empuje.

En esta familia de lagos superandinos hubo uno de secundaria importancia, cuya labor de desagüe, examinada actualmente, excluye por su aspecto el prejuicio de la instantaneidad: es el que formó el valle de Chocontá, donde nace el río Funza que recorre y riega la Sabana de Bogotá, antes de romper la barrera del Alicachín y precipitarse al mitológico abismo del Tequendama. Nace el riachuelo en la garganta de Turmequé, recogiendo aguas de varias vertientes del páramo de Tierranegra y cae al valle de Hatoviejo, dos y media leguas al norte de Chocontá, y recorre hacia el sur media legua más para enriquecer su pequeño caudal con las aguas del río Sisga, que le entra por la izquierda en el sitio mismo de Chinatá, donde comienza la socavación de la barrera de San Vicente, por la que se abrió brecha para caer al valle y antiguo lago de Sesquilé. Esta brecha profundísima, al través de estratos de arenisca fuertemente ferruginosos, tiene más de una legua de longitud para llegar por entre las célebres rocas de Suesca a la sinuosa y larga ensenada que allí formaba en rosario de lagunas el gran lago de Bogotá. El corte de Chinatá a Suesca es de paredes casi verticales, en cuyas anfractuosidades labradas de alto a bajo por el riachuelo, parece haber quedado escrita la sucesiva y lenta historia del desagüe del lago de Chocontá. Las aguas iban corroyendo las heterogéneas estratificaciones del cerro, con más o menos facilidad, según la diversa contextura de las rocas, y en unas lamieron cornisas horizontales, en otras tallaron espirales los remolinos, en otras practicaron socavones sin salida que hubieron de abandonar luego, como buscando más dúctil material para su cauce, y en otras quedaron pendientes sobre el vacío las más extrañas arquitecturas de la versátil erosión. La salida de la brecha hidráulica sobre la población de Suesca ofrece, merced a este sistema, al parecer caprichoso del laboreo del desagüe, las más fantásticas esculturas de monstruos mitológicos. Aquello semeja una galería transitada por los Demonios en su peregrinación al Infierno, en la cual se hubieran quedado atónitos de repente (1).

_____

(1) Las primeras impresiones que las verdaderas Rocas de Suesca, inmóviles y mudas, causaron en el ánimo del poeta (Diego Fallon), fueron como una poética pesadilla; mas luégo que las interrogó sobre su historia, la más anciana le contestó con voz de oráculo, con la solemnidad de las grandes revelaciones. M. A. CARO, **Prólogo a las Poesías de Diego Fallon.**

Ante la sucesión de todas aquellas labores del agua en serie descendente, no queda la menor duda de que el trabajo se hizo lentamente, de modo artificioso y constante, como si hubiera sido ejecutado por un operario paciente y tenaz. Así queda incorporada en la obra de los desagües la colaboración de los siglos.

Ahora bien, a fin de conocer el proceso prehistórico de la formación de las grandes praderas de Bogotá, Tundama, Ubaté y Chiquinquirá, basta estudiar la marcha que han tenido los lagos subsistentes para dejar en seco las planicies fértiles que los rodean.

Por un estudio personal hecho en el año de 1888, podemos referirnos al de Tota, cuya sedimentación lenta ha concentrado permanentemente el perímetro de sus orillas, para formar los llanos de Alarcón, Puebloviejo y La Puerta, los cuales se incrementan momento por momento, enriqueciendo con nuevas praderas a los propietarios del contorno.

La Comisión Corográfica había hecho el sondeo de aquel lago en 1852 y encontró 80 metros para su mayor profundidad. Verificado por el autor de este escrito un minucioso sondeo treinta y seis años después, con el objeto de levantar el plano acotado de su cuenca, encontró que la mayor profundidad no era ya sino de 56 metros. Los riachuelos que desaguan en las ensenadas de Alarcón, Puebloviejo y La Puerta, y los quince arroyos de menor importancia que le aportan en las épocas de lluvias el lodo de sus vertientes y los despojos vegetales de sus hoyas, acarreando cantidad suficiente de materiales de sedimentación fueron capaces de levantar el suelo 24 metros en un tercio de siglo. Dato interesante sería, para pronosticar la desecación absoluta, la profundidad que acusara un sondeo hecho actualmente.

Para localizar la orilla de la laguna en tiempos remotos, bueno será notar que el señor Agustín Rodríguez, vecino inteligente de Puebloviejo, refiere que había encontrado al excavar una zanja a pocas cuadras de la población, tunjos de oro de los que ofrendaban los indios, lo que prueba que las aguas llegaban hasta el pueblo. Para 1888 esta orilla se había retirado del pueblo 1.800 metros. En 1919 la laguna había cambiado completamente la figura de aquellas orillas, dibujadas cuidadosamente treinta años antes. Lo que entonces fue extenso juncal, hoy es campo de alegres cultivos; donde las olas azotaban la barranca, hay actualmente cabañas, y estancias de pasto y ovejas de pastoreo; aquel sitio donde se clavó la bandera blanca de agrimensor, dista muchos metros del límite mojado. El tiempo, con sus colaboradores geológicos, ha cambiado la laguna!

Codiciosos, los propietarios de las orillas, hacen de cuando en cuando grandes "convites" con barras, azadones y palas, para profundizar el lecho del desaguadero; ellos saben que con esta ayuda artificial a la socavación lenta del río, aumentan rápidamente sus predios. Interesados desde aquella época en la obra sociológica del Bochica, formamos entonces el árbol genealógico de aquellos numerosos propietarios y descubrimos que la mayor parte, de apariencia netamente indígena, descendían de las tres hijas de don Fernando de Vargas y Olarte, hidalgo español, encomendero del pueblo de indios de Bombasa y cesionario de las tierras de la laguna, de que el Rey había hecho merced a las monjas de Santa Clara de Tunja. Aquel árbol genealógico puede diseñarse gráficamente sobre el plano de las tierras que han venido quedando en seco desde el tiempo de la Colonia.

Más curiosa que el desarrollo de la estirpe del noble español es la adaptación de ella al medio, hasta formar un tipo étnico perfectamente caracterizado. "Los indios de Puebloviejo", como los llaman en Sogamoso, se distinguen de los demás que ocurren a beber chicha

76

los días de feria al bullicioso barrio de Mochacá, únicamente por su gigantesca estatura; pero se confunden con los viejos Chibchas por el
color del cutis, por su semblante mazorral, por
su risueña y maliciosa mirada de soslayo, por
su cabello negro y ríspido, por su boca grande
y llena de dientes recortados, blancos y pare-
jos, por sus anchas mandíbulas, y sobre todo,
por su psicología embolismática que ponen de
manifiesto el amor de la chicha en castellano
arcaico en las efusivas y empalagosas pláticas
que sostienen entre compadre y compadre, re-
cargados sobre el mostrador de las ventas y tabernas. Tan descaminados andan los turistas
que reproducen hoy nuestros datos de treinta
años atrás, como los historiadores de una estática indígena, para atribuír a las tribus colom-
bianas invariables condiciones étnicas al través
de un éxodo secular.

En este sencillo proceso aparecen dos fenómenos sociales de alta importancia para la vida de un pueblo: la distribución económica y
la adaptación al medio. Muerto don Fernando
de Vargas, sus tres hijas, doña Andrea, doña
Rosa y doña Hermenegilda, fueron contrayen-
do matrimonio con los clientes de su padre que
iban a comprarle los productos del fundo, vecinos blancos de Sogamoso, quienes tuvieron
en sus frecuentes viajes ocasión de admirar
furtivamente las gracias de las muchachas que
languidecían en un encierro perpetuo en los
aposentos de la recóndita Encomienda. Se constituyeron así tres familias fundadoras, y las
tierras patrimoniales se dividieron en tres grandes porciones donde se multiplicaron indefinidamente las proles; las orillas de la laguna se
fueron colmando de pobladores cuya parentela
se mantuvo al principio en tres grandes grupos
por razón de apellidos. Como es natural que
acontezca en las agrupaciones humanas que
requieren un régimen social, allí donde no hay
autoridades que lo organicen, de cada familia

se formó un Clan, presidido por el más prestigioso de sus miembros, el cual durante su vida llevaba la voz de consejo y dirimía los conflictos de intereses del grupo, como un Juez de paz. Los hijos de este Patriarca, insinuados desde su juventud en el ejercicio de esta primitiva autoridad y a veces sus agentes o ministros, heredaban la Jefatura del Clan por consentimiento del emparentado grupo, y este caudillaje solía fortalecerse y tomar alientos de fuerza y títulos legitimarios, por causa de disputas de colindancia, con los grupos vecinos, por la necesidad de una organización defensiva o por otras relaciones sociológicas indispensables en el resguardo de intereses comunes.

A las orillas del lago de Tota este modo de formación de tribus y cacicazgos debió de ser efímero y puramente ocasional; porque existía una autoridad suprema y fuerte, la del Gobierno colonial con magistrados y con leyes, que los reabsorbía dentro de la eficacia de su influencia sustitutiva. Las vinculaciones familiares en la vieja heredad del encomendero español fueron apenas un remedo en pequeño de lo que sucede en las colonizaciones a déspota. Aquel desarrollo genealógico trazado gráficamente sobre el tablero de la llanura lacustre, en líneas de valladares y en cuadros de diversidad de cultivos, con el predominio de ciertos apellidos y con rasgos fisonómicos que se antojan comunes, semeja el cuadro sinóptico, expresivo y sugerente de la obra sociológica de Bochica; a lo que concurre para formar ese concepto, el amor vehemente y la gratitud de los labriegos por su laguna, rayanos en idolatría. Este sentimiento de gratitud de los totanos tiene componentes del orden estético, por la belleza insuperable del paisaje que les hace cariñosa la vida campesina, y del orden económico, por cuanto proviene de un equilibrio entre el crecimiento de la prole y la prodigalidad con que el pantano les va ofreciendo nuevas tierras de cultivo; de modo que valorado en interés de la especie a través de muchas generaciones, aquel sentimiento constituye la esencia íntima de una especie de patriotismo, de raigambre, de adherencia maternal entre el labriego y su creciente heredad.

El estímulo de una tierra bella, fecunda y elástica, ofrecida en arras nupciales al amor de la especie, continuó atrayendo, como en los lejanos tiempos de las hojas del encomendero, a los mozos galantes de los contornos, y desde Pesca, Firavitoba, Tota y Cuítiva, venían los devotos del himeneo a sacrificar en los altares de Puebloviejo y a trocar allí sus penates. Como los hijos de Noé, las tres hijas de don Fernando de Vargas y Olarte, de ilustre abolengo español, fueron sembrando simiente en el terruño a través de tres centurias, y el terreno germinó y produjo millares de retoños.

A un proceso análogo, pero mayor en escala, debieron de quedar sometidos los desagües de los grandes lagos de Bogotá, Ubaté, Chiquinquirá y Sogamoso, en la incrementación lenta de las tierras que iban ofreciendo sus orillas enjutas a la labor agrícola de los hombres; en la formación de núcleos sociales sobre las llanuras lacustres, los cuales iban creciendo al isócrono, y en la adaptación al terruño de las migraciones venidas de diversas regiones y su multiplicación y uniformidad a través de millares de años, a fin de llegar a formarse el extenso y poblado país de los Chibchas.

CAPITULO VII

BOCHICA

Es lógica la concepción indígena de una entidad divina que personificase y simbolizase la potencialidad de las aguas en acción piadosa. A esta divinidad magnánima la llamaron los Chibchas *Bochica*.

Era este dios incorpóreo, según lo estima el cronista; pero respondía a las plegarias de los fieles y dictaba leyes y modo de vivir. Se le propiciaba con ricas ofrendas de oro fino y se le simbolizaba por medio de este metal en una saeta o dardo, del cual hacía uso como vara mágica para realizar sus prodigios. Tenaces estos indios en su devoción por Bochica, lo adoraban a escondidas bajo los altos y cascadas después de la Conquista, y se encomendaban a él a la hora de la muerte, como pudo sorprenderlo un Padre doctrinero del pueblo de Cogua con un indio muy principal, a quien su sobrino ayudó a bien morir valiéndose de un idolillo de oro en representación de Bochica que ocultaba durante la agonía de su tío dentro de los brazos de una cruz de ramo bendito. El cacique desdeñó las plegarias del sacerdote y murió impenitente, según refiere el cronista (1).

Era Bochica patrono universal de los Chibchas, pero le tenían los Caciques especial predilección, como a divinidad oficial, por el be

_____

(1) SIMON, Vol. II, pág. 205.

neficio del aumento de sus dominios a causa del desagüe de las lagunas. Atribuían los indios la formación de los lagos, por una generalización de efectos, al crecimiento de los ríos en el invierno que les inundaba anualmente la Sabana, como sucede en la actualidad, aunque con menos abundancia. Pueden medirse las penalidades que sobrevenían entonces en las tierras planas de cultivo, por el flagelo que azota a los agricultores de los valles cuando los ríos propasan su nivel natural y se riegan en los campos. Los riachuelos de los altos valles y cañadas crecieron de súbito por las abundantes lluvias de la cordillera y corrieron caudalosos y enfurecidos, arrollando cuanto se opuso a su paso; los ríos de la llanura colmaron sus cauces e invadieron las vegas anegadizas, recuperando de repente sus antiguos dominios; los juncales que bordeaban los pantanos pronto quedaron invadidos por el turbión y sus tallos aparecieron en medio de la linfa como los primeros náufragos. Ya las olas de la inundación golpean contra las cercas que cierran el predio del estanciero y la linfa amenazante continúa levantando su nivel y sus espumas hasta invadir con maldita crueldad el pequeño cultivo, fruto de ingentes labores y motivo de halagüeñas promesas; la ola sigue invadiendo con fatídica regularidad el patio de la casa y el suelo de los aposentos, donde sobrenadan los objetos de uso precioso; sobre las barbacoas buscan amparo los animales y los niños; las madres con el agua a la cintura levantan en alto a los chiquillos y huyen desoladas hacia los árboles y hacia los altos peñascos en busca de salvación. Entre tanto los hombres luchan en la brecha por contener el empuje de las aguas por medio de atajadizos que la tenacidad del siniestro hace efímeros, y en lucha contra la brutalidad de las olas, sucumben agotados por el esfuerzo estéril. Llantos, clamores y plegarias, como estertores de muerte, se confunden con el rumor de la ola nefanda. Tres meses de lluvia monótona y tenaz causaron el desastre de la riqueza agrícola de los laboriosos indígenas y el sacrificio de millares de víctimas. Los sobrevivientes se refugiaron en los altos niveles de la llanura y en las faldas de las serranías y allí esperaron las consecuencias de la destrucción de sus cosechas, de la ruina de las cabañas y de la putrefacción de los pantanos; el hambre, el desabrigo y las epidemias. En este estado esperaban los damnificados la cesación del diluvio y miraban la extensa capa de lodo y aguas negras que cubrían los valles. "Fue tan en lleno y universal este castigo, dice el cronista, e iba creciendo cada día tan a varas la inundación, que ya no tenía esperanza de remedio, ni de darlo a las necesidades que tenían de comidas, por no tener donde sembrarlas, y ser mucha la gente; por lo cual toda se determinó por mejor consejo de ir con la queja y pedir el remedio al dios Bochica, ofreciéndole en su templo clamores, sacrificios y ayunos; después de lo cual una tarde reverberando el sol en el aire, sonó un ruido contra esta sierra de Bogotá, se hizo un arco como suelen naturalmente, en cuya clave y capitel se apareció resplandeciente el Demonio en figura de hombre, representando al Bochica con una vara de oro en la mano, y llamando a voces desde allí a los Caciques más principales a que acudieran con brevedad con todos sus vasallos, les dijo desde lo alto... abriré una sierra por donde salgan las aguas y queden libres vuestras tierras, y diciendo y haciendo, arrojó la vara de oro hacia Tequendama y abrió aquellas peñas por donde ahora pasa el río..." (1).

Desde entonces se confundieron en un solo mito la munificencia de Bochica y la belleza del arco iris, forma perceptible aunque fugaz de aquella sublime divinidad. Ignorantes los

---

(1) Noticias Historiales, Vol. II, pág. 289.

indios del modo como se forma el espectro solar a través de la neblina, establecieron, sin embargo, por una especie de intuición científica, una relación misteriosa entre el concepto de la suprema divinidad, que para ellos como para todos los hombres primitivos era el sol, y la prodigalidad del agua, y concibieron la más hermosa representación del Bochica dentro del iris soberbio y magnífico. Es difícil para nuestras formas mentales, explicar el vínculo mitológico de los Chibchas entre el sol, poderoso señor del firmamento, y el agua madre de los hombres, para cristalizar en el fulgor del iris una imagen de la Providencia; pero si no podemos comprender ese misterio mitológico, sí podemos admirar su religiosa poesía. Acaso no hay un espectáculo más hermoso y sugerente de lo sublime y trascendental que el arco iris, proyectado sobre la serranía a la hora del crepúsculo.

Con referencia al Padre Acosta, informa el cronista que la adoración del arco iris era también de la idolatría peruana y hay que hacer notar que allá y aquí afectaba este sublime mito una modalidad semejante, lo que hace sospechar que en los oscuros tiempos de la prehistoria americana existió entre estos dos leanos países una corriente de ideas que pudo provenir de lentas migraciones a lo largo de a cordillera de los Andes, o que por lo menos, hubo un parentesco étnico entre los pobladores del macizo andino al contorno del lago Titicaca y al contorno de los lagos de Cundinamarca que les hizo preferir querencias semejantes y concebir mitos análogos; pero esta sospecha se robustece si se observa que los nombres de estos mitos son muy semejantes, cuando no idénticos, no obstante la diversidad absoluta de idiomas.

En la célebre puerta del Sol de los palacios de Tihuanacu hay un ídolo que representa al Ser Supremo, según interpretación de sabios arqueólogos, cuyo nombre es Con Tici Viracocha, que quiere decir "Dios hacedor del mundo" (1).

Ya vimos los atributos de Con o Cum entre quichuas y Chibchas; en cuanto a *Viracocha*, que según etimologías muy probables, está formado por las palabras Huaira (viento) y Cocha (laguna) en lengua inca, significa "Aire del lago", y es curioso encontrar que los Chibchas llamaron *Cucha-viva* al arco iris que se formó por el espectro del dios Sol al través de la neblina del gran lago de la Sabana, dentro del cual apareció Bochica como una antelia. Es preciso observar respecto de la pronunciación de la palabra *vira* que en la lengua muisca no había la letra *R*, la cual se reemplazaba con otra homófona, como la *V* o la *F; de donde resulta la palabra *fiva* (aire), de remota procedencia quichua, como el mito de cuya misteriosa parengenesia hace parte.

Bajo la misma autoridad del Padre Acosta, afirma el cronista Simón (2) que la insignia imperial del Inca era el arco iris. "con dos culebras, asidas las colas a las puntas del arco, y se tocaban en medio de él con las cabezas", símbolo muy expresivo para denotar que era hijo del Sol. Muy de paso es de llamar desde luego la atención del lector, con el intento de volver a hacerlo más detenidamente después, en orden a las migraciones que invadieron el país de los Chibchas, a la circunstancia de existir en el sendero seguido por las invasiones prehistóricas un pueblo que ha conservado el nombre de Virachacá, como un vestigio de la huella sagrada de los "Hijos del Sol", prostituída su pronunciación.

El arco iris por sí solo constituyó una divinidad benéfica para los Chibchas, a cuyo patro-

---

(1) BETANZOS, Suma y narración de los incas, Cap. II pág. 7.

(2) Noticias Historiales, Vol. II, pág. 290.

cinio se amparaban las mujeres encintas y a quien le rendían pequeñas ofrendas de oro bajo y cuentecillas para que el alumbramiento fuese venturoso.

Es frecuente en estas alturas de la cordillera el fenómeno del arco iris y no es raro el de la antelia, en el cual se proyecta sobre la neblina la propia imagen del espectador orlada del iris, como sobre una pantalla. Sobre este curioso fenómeno dice el doctor Liborio Zerda en su libro *El Dorado* (Pág. 54) lo siguiente: "Para la imaginación de los Chibchas, ¿qué significación tendría ese espectro? ¿Verían en esa fotografía natural de su cuerpo proyectado sobre las brumas del Tequendama, el espíritu de alguno de sus dioses o sería la sombra aterradora de algún gigante sobrenatural o de algún Mohán de sus tradiciones"? El cronista responde a esta pregunta, diciendo que allí "se apareció resplandeciente el Demonio en figura de hombre, representando al Bochica..." Donde el arco iris brilla siempre como un marco soberbio, para la imagen de la divinidad de los Chibchas, es en el copo de nube que se levanta del abismo en que cae la maravillosa cascada del Tequendama, asombro del transeúnte, situado no lejos del lugar en que Bochica rompió la barrera que apresaba las aguas del lago de Bogotá. Allí era el templo, digno por su majestad magnífica, de la prodigiosa divinidad, quien para proclamar su inmenso poderío y su grandeza, canta eternamente la canción estruendosa del agua con horrísona orquestación. Al aproximarse a la cascada el adorador de Bochica le envolvían las neblinas para efectuar en él la nube; las cornisas del panteísta templo, coronadas de festones, le servían para grabar en tinta indeleble los símbolos sagrados; en el rumor de la catarata, acompasado por el responsorio de los ecos, le parecía oír la oración de los inmortales. Si el trono del Olimpo indígena no estuviera ocupado por la magnificencia del Sol, el Bochica sería el Monarca de los dioses.

A él debían los Chibchas los beneficios de una planicie pintoresca y fecunda, donde sus cultivos se sucedían con prodigiosa regularidad, bajo un cielo festivo de primavera, y las labores agrícolas acometidas por familias, se hacían al son de cánticos y a compás del tamboril, como después continuaron haciéndose en los Resguardos y en la heredad del Encomendero que reemplazó al Cacique. Hasta perderse de vista, el campo de maiz ondulaba sus espigas; en surcos paralelos hacia la vera del pantano, florecían los papales como un tendido de azulejos; las hibias de un verde tierno, macollaban en tupidos matorrales; en las ondulaciones abrigadas del terreno, las eras de arracacha, con sus hojas crespas, brillantes y moradas matizaban el paisaje; la quina en arbolonaduras rojizas, cruzaba la huerta de legumbres y los innumerables arbustos de fruta encendida como el ají, amoratada como el pepino, arrebolada como el tomate, ponían notas de alegría en el paisaje, que creó el buen Bochica para la felicidad de los hombres.

CAPITULO VIII

SOCIOLOGIA CHIBCHA

La variedad de los meteoros, determinada por la distribución de los vientos en la serranía, en las cañadas, en los escondidos vallecitos y dentro de la misma amplitud de la altiplanicie que parece de clima uniforme, es la causa de que la agricultura de la Sabana afecte una multiplicidad admirable y un orden de trabajos variados, en beneficio del equilibrio económico. La posición de los boquerones en las cordilleras que enmarcan los antiguos lagos y la diferencia en el régimen atmosférico del cañón del río Magdalena, y de la llanura oriental regada por el Meta, originan un sistema de vientos locales en la altiplanicie que causa en ella una metereología al parecer caprichosa y arbitraria, la cual no ha sido estudiada todavía por falta de Observatorio y acaso también por falta de aplicación científica al estudio de muchos índices concomitantes. Parece, por ciertos indicios en relación con el Culto del Sol, que los Chibchas sí habían totalizado sus observaciones aunque en forma empírica, como lo hacen actualmente nuestros humildes labriegos, hasta en las manifestaciones de los insectos para reglamentar sus cultivos. Cada localidad tiene sus características meteorológicas, aparte de las influencias generales de las estaciones sobre el clima, las cuales observadas persistentemente por una serie casi indefinida de generaciones a través de muchos siglos, constituyó un tesoro de experiencia agrícola que se transmitía de padres a hijos en un solo predio, dentro de un mismo e inalterable paisaje; predio de que los observadores hacían parte integrante como la piedra, el árbol y la arruga del terreno.

Por ejemplo: hay un sitio de la Sabana, que los campesinos designan con el nombre de "cielo roto", por la frecuencia de las lluvias, y otro no lejos de éste, donde el cultivador mira con envidia, durante ciertos años caer las lluvias bienhechoras en su contorno, sin que a él lo favorezcan. Regiones hay frecuentadas por los hielos del verano y otras en las cuales el rocío de la noche es tan abundante que reemplaza el favor de las lluvias. Además, la situación de los pantanos subsistentes que mantienen la humedad del suelo y de la atmósfera durante las sequías; los riegos de arena estéril que arrastran los riachuelos procedentes del cerro escarpado; los afloramientos de un subsuelo arcilloso y otras modalidades geológicas, hacen que la uniformidad de la altiplanicie sea de mera apariencia y que haya una infinita variedad de terrenos de cultivo en aquellas planicies lacustres.

La obra sociológica de Bochica debió, por este motivo, de afectar en la prehistoria una complicada diferenciación en las tribus o familias pobladoras: opulentas y orgullosas las unas, pobres y humildes las otras; diligentes éstas, holgazanas aquéllas; dominadoras las menos, tributarias las más, por el capricho de los tiempos y el vaivén de la fortuna, surgieron entre ellas las clases sociales y las preeminencias jerárquicas. Así los caciques, los capitanes, los sacerdotes y la gleba.

Sin entrar en detalles, ya que la oscuridad del proceso sociológico lo impide, se puede, por vía de ensayo, para comprender cómo se formaron los demás grandes Dominios en que estaba dividido el Imperio Chibcha, hacer una disquisición etimológica, a falta de otro indicio positivo, para comprender el significado de la palabra *Bogotá* o *Bacatá,* que cobijaba con su nombre el señorío del Zipa. Por virtud de los vientos encontrados, procedentes de las cordilleras opuestas, se remolineaban en el centro de la Sabana las olas del lago prehistórico y formaron así un pequeño peralto en el fondo cenagoso, en el sitio que hoy se designa con el nombre poco comprensible de "El Cerrito", en el cual se descubrió, siglos después, un gran cementerio de indios. Este sitio estratégico de influencias, para colmo de fortuna económica y comercial, queda sobre la barranca del río que señorea la Sabana, procedente de las lejanas tierras de Hunza, Junza o Funza, por lo que escogió este último nombre, con que se conoce actualmente. El río, como sucede siempre, le prestó su nombre a la barranca. El peralto de Funza gozó del privilegio de prelación en el desagüe y el grupo de población que lo ocupó disfrutó, por consiguiente, de hegemonía sobre las tribus que se fueron organizando posteriormente en las tierras que iban quedando en seco por obra de Bochica. Esta sería una simple hipótesis, fundada en la teoría de los vientos y en el hallazgo del cementerio prehistórico de El Cerrito, la cual pudiera ser aplicable a otras regiones insulares de la Sabana, pero adquiere la certidumbre de la comprobación, por la etimología del patronímico con que se designaba el Cacique de Funza cuando vinieron los españoles. El señor de Bacatá lo llaman los cronistas de la Conquista y esta voz, según su etimología significa toda la extensión de la Sabana. En efecto, descomponiéndola en sus componentes idiomáticos, resulta *Fac-a-tá* o sea lo que está "fuera de labranza", es decir, las extensas tierras que circundaban por todas partes los cultivos del Cacique insular; pues *Fac,* según el vocabulario es "afuera"; en opinión del doctor Uricoechea, editor de la gramática muisca del Padre Lugo, *a* es un "genitivo de posesión", y *ta* significa labranza, en sentido directo, y propiedad o dominio, en sentido metafórico. De modo que Bacatá era todo lo que quedaba alrededor y fuera de los cultivos de Funza. Y esa grande extensión, con todos sus numerosos Cacicazgos, constituía el Dominio o señorío del Zipa, por virtud de su prelación y hegemonía.

Sin pasar adelante, se justifica con sólo lo anterior el carácter aristocrático del dios Bochica, por quien los Caciques tenían especial predilección en el Olimpo indígena. La buena Madre Bachué era, en cambio, la patrona queridísima de los humildes y de los infortunados. Al contorno de los pantanos y de las lagunas los hijos del terruño se multiplicaban al par del crecimiento de las tierras de cultivo, las que distribuía el señor de la Providencia por delegación y autoridad del poderoso soberano Bochica, conforme a una especie de legislación divina o revelada, a cuyos dictados no era posible oponer resistencia. Era la época blanca que han tenido todos los pueblos, en que los dioses hablaban con los patriarcas. Así vino a consagrarse un mito nacional, como fundamento de la autoridad, y supremo legislador de los pueblos. Generalizado este principio social sobre los grupos de población generados al favor de idénticas circunstancias geológicas, en un ambiente uniforme y al cariño de análogos paisajes, se comprende fácilmente la constitución genésica de ese grande agregado que puede llamarse el Imperio Chibcha.

Soacha, Bosa, Fontibón, Bojacá, Facatativá, Engativá, Suba, Tenjo, Tabio, Subachoque, Chía, Cajicá, Zipaquirá, Cogua, Gachancipá, Tocancipá, Sesquilé, Usaquén, pueblos que hoy existen y muchos otros que desaparecieron en la Conquista, estaban aposentados en la cuenca del antiguo lago de Bogotá, en tan graciosa agrupación con sus casas cónicas y sus arboledas de alisos, sauces, arbolocos y cerezos, y estaban tan densamente poblados que semejaban un valle de alcázares, según le pareció al General Quesada cuando contempló el panorama desde el cerrito de Suba. Sorteando pantanos, los senderos que entrelazan entre sí a todos estos pueblecillos, corrían por el pie de las cordilleras en caprichosas ondulaciones, bajo el sombrío del bosque perfumado. También tenían su enlace por la vía acuática a través de las lagunas subsistentes y a lo largo del manso río que se desliza perezoso bordeado de juncos y saucedales, haciendo revueltas, cual si quisiera demorar el momento de lanzarse a la catarata, enamorado por el cariño de una tierra placentera. La balsa formada de juncos e impulsada por la vela o por el acompasado golpe de los remos corría dulcemente cargada con los frutos de las innumerables labranzas de la vega, desde Sibaté, puerto situado al sur, para recibir los cargamentos de algodón de Fusagasugá, hasta Suesca, puerto del norte donde se cambiaban aquellos frutos por la sal de Nemocón y las mantas de Boitá. Tal era, descrito a grandes rasgos, el opulento y primoroso dominio del Zipa o gran Cacique de Bacatá.

Sobre el recuesto de la Serranía de Tausa, preñada de sal y al través de un abrupto boquerón de defensa, se descolgaba en zigzags el camino que conduce a las pintorescas llanuras de Cucunubá y Ubaté, ocupadas por los Cacicazgos de otro príncipe no menos poderoso que el zipa, cuyo dominio por el extenso valle de Simijaca y Chiquinquirá, iba hasta donde Bohica rompió otra barrera de contención de aguas en Saboyá, para regalar con ricas y bellas tierras y con millares de vasallos laboriosos a su muy amado adorador, el Susa.

El poderío de este príncipe era inmenso en época olvidada, según se deduce por la extensión de su dominio, que alcanzaba desde los doratorios de Cucunubá hasta el Hato de Susa en Chiquinquirá, por un costado, y desde Susacá, sobre el lago de Tota, hasta Susacón en las breñas del Chicamocha, por el costado opuesto, donde queda comprendido Tibasosa, cerca de Sogamoso. Nada es comparable con la fecundidad, la belleza y la dulzura del clima de la inmensa heredad de ese potentado. Cuando el viajero actual, embargado por la emoción de los paisajes, recorre aquellos valles bajo la sombra de los saucedales del río y de los derrames del lago de Fúquene y respira su ambiente perfumado y mira el verdor de los campos, se imagina cómo estaban dispersas en ellos centenares de aldeas indígenas y comprende cómo pudieron encontrar los españoles más de dos millones de habitantes en el fecundo y hermoso país de los Chibchas, según cómputos del conquistador. Si hubo ofuscación en este cómputo, para atribuírle una población doble de la actual, ello pudo depender del modo como se extendían entonces los caseríos, no en calles, manzanas y plazas urbanas, sino en pintoresca dispersión rural, necesitando cada familia de tres o cuatro casucas agrupadas para alojarse dentro de un pequeño predio. En aquel tiempo remoto no había latifundios, grandes fincas ni estancias superiores a las necesidades del usufructuario, como sucede hoy; porque el Cacique distribuía las tierras, según la ley de Bochica, en proporción a las necesidades de cada cual. Así las regiones cultivables se extendían a la vista como tableros de ajedrez, deslindados los cuadros por valladeras de madreselva florida y por setos de curubos y enredaderas pintorescas, en el centro de los cuales las casitas blancas del estanciero elevaban al cielo el humo del hogar como una oración de paz y bienandanza.

No existe tradición alguna que sirva para definir y delimitar el dominio del Susa, del cual sólo queda, como recuerdo de su poderío, el primoroso valle que bautizó con su nombre, en el cual subsiste, a la par que la paz de los campos, la dispersión de casitas festivas, con sus jardines y saucedales, en lo que fue Resguardo de sus últimos vasallos. El resto del extenso valle, hasta los juncales de la laguna, lo constituyen grandes dehesas de ganado vacuno de los sucesores del Encomendero y sus causahabientes. Por indicio de las llamadas columnas del infiernito, de cuya significación ha llegado el momento de hablar, se deduce que aquel dominio comenzó a tener grandes mermas territoriales desde los tiempos prehistóricos, con lo que perdió la gran región que señoreaba el Tundama en la época de la Conquista; y por tradición relativamente reciente se sabe que también perdió el amplio valle de Ubaté en disputas de predominio, primero con el Zipa de Bogotá y luego con el Zaque de Tunja, lo que le dió a este valle la triste etimología de su nombre, el cual significa "derrame de sangre", como es notorio. El caso es que el Susa llegó a tal decadencia patrimonial y de consiguiente importancia, que ni siquiera hacen mención de él los cronistas.

Cuando lleguemos al estudio de los jeroglíficos Chibchas verá el lector la sorpresa que nos causó encontrar en Duitama, en pleno corazón del Reino, indicios evidentes de que una migración extraña había violado el Edén de Bochica, prostituyendo sus mitos, adulterando el idioma e introduciendo sangre altanera y rebelde en su demografía. Aquel hallazgo de carácter anómalo nos puso en la pista de muchos problemas etnográficos muy oscuros, como el de las columnas del infiernito, transportadas al valle de Leiva, según opinan muchos viajeros, para construir un templo al Sol, el cual quedó en suspenso por la invasión española. Esta teoría está fundada en que aquellas piedras tienen una muesca labrada a cincel, como para arrastrarlas al lugar que ocupan, sin más artificio de labor, porque son de guijarro durísimo. Todas las columnas han desaparecido, y a nosotros nos pareció que las llamadas vigas son nativas y que su forma original indujo a los emigrantes procedentes de lejana costa, que los encontraron a su paso hacia el

Valle de Iraca, a complementar su figura para rendirle allí culto al dios Phalo. Palpando cuidadosamente aquellas piedras, encontramos en algunas de ellas varios jeroglíficos grabados a cincel que nos persuadieron de que por allí había pasado la migración caribe que en Duitama apareció adaptada ya y connaturalizada al medio físico y social a través de largos siglos. Estos simples jeroglíficos desvirtúan completamente la hipótesis ingeniosa del templo al Sol en suspenso por causa de la llegada de los españoles; pero sirven para señalar la traza del pueblo emigrante que ocupó el valle de Sogamoso, acaso con anterioridad a la colonización procedente del Orinoco. Entre los dijes de oro que se encuentran en la región, vuelve a aparecer la figurilla fálica, desconocida en el resto del país.

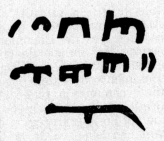

Tres inscripciones labradas en los phalus de El Infiernito.

Trasmontando el cordón de serranía estéril, áspera y desapacible que divide aguas entre los ríos Sutamarchán y Sogamoso, tuvieron los emigrantes intrusos la sorpresa de encontrar un territorio fecundo y bello sobre toda ponderación, cuyas seducciones los cautivaron para siempre. Allí integraron en la raza autóctona, transmitiéndole las condiciones de energía y despejo que distinguen a los caribes, y tomando de ella su espíritu sedentario, su laboriosidad y sus apacibles virtudes. Fueron una levadura que vigorizó y retempló la ductilidad del pueblo Chibcha, amodorrado en esta deleitosa región, quien no les ofreció resistencia y se entregó como una raza hembra en brazos de sus conquistadores. De este maridaje resultó un tipo étnico vigoroso, bello, inteligente y altivo, muy dis-

into del que encontraron los españoles en el
esto del país Chibcha.

Prolífica y expansiva esta nueva raza, colmó
n pocos siglos los hermosos valles que había
ejado enjuntos el desagüe de Tópaga y sem-
ró de aldeas las ricas faldas de la cordillera
ue en graciosas ondulaciones bajan a la pla-
icie. El clima dulcísimo de esta cuenca lacus-
re acaricia una vegetación exuberante y una
ora espléndida; de modo que esta tierra para-
isíaca bien mereció el título de valle sagrado
ue le confirió una dinastía sacerdotal, nacida
l amor de sus miríficos encantos.

Tundama se llamó este bello dominio, medio
ilitar, medio teocrático, al temor del mesti-
aje de las razas caribe y chibcha que lo seño-
aba, belicosa la una, sentimental y soñadora
otra.

Aposentadas las colonias nativas en las tres
randes cuencas lacustres del territorio plano
dueñas de la flor de la tierra, quedaban her-
éticas las breñas arrugadas de la intercordi-
era, los valles semitropicales de los ríos que
tan sus aguas a la llanura oriental y los cor-
nes paramosos que se desprenden del divor-
o de las aguas de Gachaneque y se extiende
todos sentidos desde este ombligo de la al-
planicie. Sin computar las mil cañadas que
trían la cordillera de los Andes sobre la gran
anura oriental para recoger sus desagües y
varlos al río Meta y al soberbio Orinoco, hay
es obras principales, profundas y ramificadas,
e rompen el eje orográfico como para pene-
ar al corazón del macizo de la altiplanicie;
río Upía, muy principal afluente del Meta,
ne su nacimiento por el Lenguapá en el lago
Tota, desde cuyos bordes se ve al pie, como
sde un alto mirador, el valle sogamoseño de
ravitoba, dominándolo de tal manera que sus
uas podrían regarlo mediante un pequeño
svío. El río Garagoa o Caragua, o sea, el río
las Caras, que recoge las aguas del valle de

Tenza o Tenasucá, como le decían los Chibchas
nace en los páramos que dominan a Tunja o
Hunza, y con sus ramificaciones abraza una
grande extensión de tierras quebradas, ricas en
humus vegetal, y socava las breñas esmeraldi
nas de Somondoco antes de abrirse paso hacia
la llanura. El río Guavio nace en los páramo.
de Guatavita y recorre un fecundo y hermosí
simo valle cordillerano en cuyos repliegues ca
ben millares de estancias de cultivo y sus agua
recogen las fuentes saladas de Gachetá y Mám
bita, para fecundar con ellas una amplia ense
nada de la pampa oriental. Y por último, en
las cuencas de Ubaque y Cáqueza, que hoy ali
mentan la despensa de Bogotá con sus mil fru
tos de tierra templada, se forma el río que rom
pe en Guayuriba sobre los opulentos bancos d
sal gema de Cumaral y Upía, allende la cor
dillera.

Tales fueron las puertas por donde penetra
ron a la altiplanicie las colonias adoradoras de
Sol, organizadas conforme a las institucione
despóticas que hacían contraste con la senci
llez y el espíritu democrático de las institucio
nes nativas; las cuales aportaron un Olimp
contrahecho y sanguinario, una aristocraci
tiránica, un sistema tributario voraz y un sa
cerdocio impostor. Es verdad que aquellas m
graciones de la llanura, de apariencia asiátic
también infiltraron en el autóctono sangre r
novadora con atavismos complejos de una ps
cología superior, que perfilaron el idioma y la
artes y definieron una legislación civilizador
al injertarse en el concepto indígena, troqu
lado en la impresión del paisaje, de suyo fecur
do. El número de los miembros de aquella
colonias no debió de ser muy grande, si s
compara con el grupo de población autócton
que la fecundidad y placidez de la tierra hab
hecho germinar, ni se impone la necesidad d
que lo fuera, para preponderar y dominar sob
un pueblo manso, a quien la dulzura del clim
el cariño del suelo y la simplicidad de las co

96

tumbres habían modelado con formas femeninas. Garanchacha (el "Varón de los Caras", en lengua aymará) fundador de la dinastía divina de los Zaques, nació entre una esmeralda, de las entrañas de una virgen fecundada por un rayo de sol (1); no era necesario más para que los Chibchas no solamente les prestaran obediencia a los descendientes de Garanchacha, sino para que los adoraran como a hijos del Sol.

Según estas apariencias y algunas otras que se anotarán en el curso de este libro, una colonia organizada al estilo asiático penetró por la gran rajadura del macizo tallada por el río Garagoa, se difundió por los vallecitos que le tributan aguas a este río y estableció su sede en Ramiriquí (adulteración de Rumirraqui), para constituir el Dominio del Zaque, cuya capital se trasladó luego a Tunja.

Fragmentos de la misma colonia entraron por el río Guavio hasta Guasca, y por el Guayuriba hasta Cáqueza, emparentados probablemente con el Zaque, según se deduce por el pacto de alianza que los unió en las disputas territoriales que sostuvieron contra el Zipa de Bogotá, tendientes a la unificación del Imperio.

Sale del plan meramente etnográfico de este libro el reconstruir la historia política de estos Dominios o grandes Cacicazgos entre sí, la cual recogieron desconcertadamente los cronistas entre las tradiciones de los Chibchas, donde puede buscarlas el lector y acomodarlas al mapa etnográfico a fin de comprenderlas debidamente.

Resumiendo lo que, como coronación de la influencia del medio se ha dicho hasta aquí, tenemos: que el ambiente enrarecido de la altiplanicie formó y persistió en formar un tipo humano a través de un luengo período de tiem-

---

(1) SIMON, Noticias Historiales, Vol. II, pág. 320.

po; que el aspecto del suelo impuso formas especiales de vida y creó en el espíritu de los antiguos habitantes del paisaje lacustre ideas matrices, de un orden cosmogónico especial; que tales ideas culminaron en un proceso social de perfiles definidos, para constituir un grupo étnico característico, y que la clasificación topográfica de tres cuencas lacustres determinó una diferenciación de dominios políticos dentro de aquella unidad étnica.

Este conglomerado social, aposentado en un territorio circunscrito y encerrado entre breñas, ofreció, sin embargo, cañadas de acceso por el costado que pega contra la cordillera y que lo separa de la inmensa llanura oriental, criadero de las migraciones humanas que en éxodo secular subían por el caudaloso Orinoco. La intercordillera, en colindancia con aquellos dominios autóctonos, fue ocupada lentamente por la migración llanera procedente de ignoto origen la cual traía costumbres, industrias, mitos e instituciones formadas al favor de otras causas con lo que influyó por medio de una penetración conquistadora, de un modo especial, sobre la civilización chibcha, según se estudiará en los capítulos siguientes.

CAPITULO IX

EL CULTO DEL SOL

Para los autóctonos lacustres el sol debió de
ser una divinidad meramente contemplativa y
placentera que difundió el bienestar y la alegría sobre la tierra y en el ánimo de los hombres; un dios de consuelos, siempre festivo y
risueño, que contaba los días en un calendario
uniforme y monótono, velada su faz, durante
algunas temporadas periódicas, por la diosa
Agua, única fecundadora de la tierra que caía
del cielo para alimentar a sus hijos. La perio-
dicidad de las lluvias era el único meteoro re-
glamentador de los cultivos, el cual guardaba
relaciones muy observadas con las faces de la
luna, determinantes de las semanas y los meses. La astronomía de los hombres primitivos
de la altiplanicie tropical, donde el sol apenas
cambia de posición, estaba consagrada a mirar
la luna y buscar en sus aspectos la promesa
de las cosechas, como por tradición ancestral
sucede todavía entre nuestros rústicos. Las
manifestaciones de ciertos animales, como el
canto vespertino de las ranas, los viajes de las
hormigas, la aparición de las golondrinas, el
nacimiento de los escarabajos y otras mil coin-
cidencias periódicas de la pequeña fauna de las
labranzas, constituían la leyenda pintoresca de
la experiencia agrícola, llena de primorosas enseñanzas.

El evangelio del Sol, predicado por las migraciones llaneras, fue para los bonachones hijos del Agua una deslumbradora revelación. El astro esplendoroso era el padre de la vida, su voluntad omnipotente gobernaba el mundo y la creación entera le rendía homenajes. ¿Cómo no lo habían advertido así en su ceguedad los autóctonos, durante la larga penumbra de su pensamiento? Se puede decir que la aparición de la doctrina del Sol fue como un amanecer para la psicología de los Chibchas. Una especie de neblina, de resplandor apenas fosforescente, cayó sobre la infancia feliz de este pueblo, para envolverla en los cendales cándidos de la leyenda. El Génesis de la vida, el origen y desarrollo del lenguaje, la poética mitología primitiva, los rudimentos de la agricultura, el gobierno de los patriarcas: todo se iba sumergiendo en una oscuridad de olvido ante las nuevas resplandecientes ideas religiosas, para dar campo a complicados reglamentos de vida, decretados por un gobierno impositivo, y a la agitación industrial de un régimen social más complejo.

En la memoria de los Chibchas se conservó vivo el recuerdo de un apóstol de la nueva idea, a quien consideraron enviado de Bochica para ilustrarlos. Setenta edades antes de la conquista española, es decir, hacia los comienzos de la era cristiana, se presentó en el país por la región de oriente un sacerdote del Sol, llamado Nemqueteba, quien enseñaba su culto y con espíritu apostólico predicaba no sólo las mejores prácticas agrícolas en relación con el curso del astro, sino el buen gusto artístico en el tejido de mantas, y una doctrina moralizadora de las costumbres.

Las gentes, ansiosas de estas enseñanzas del sabio y santo misionero, lo seguían por todas partes y era en ocasiones tan numerosa la multitud, que era preciso hacer vallados con el objeto de aislarlo del tumulto durante la predicación. Tal sucedió, por ejemplo, a su paso por el pueblo de Cota, donde los fosos fueron colmados con los mil objetos que los indios le obsequiaban (1). Para la época de la conquista española y un siglo después, cuando la escribió el Padre Simón, el recuerdo de Nemqueteba y sus prodigios era tan nítido y detallado, como si su peregrinación hubiese sucedido pocos años atrás. Se le describía como un anciano de luenga barba, con largos cabellos que le caían hasta la cintura sostenidos por una diadema sacerdotal, semejante, según aquel cronista, a la que usaban los fariseos; con traje talar y un manto asegurado sobre el hombro izquierdo por medio de un broche de oro. Análoga indumentaria adoptaron después los indios en imitación suya y como un homenaje a su memoria.

El itinerario seguido por el maestro arranca del páramo de Chingaza (eje de la cordillera que separa la altiplanicie, de la llanura oriental, por los lados de Cáqueza), sesga la ruta sagrada hacia Pasca y entra al dominio de Bacatá por Bosa, Fontibón y Funza hasta Cota, donde vivió en una cueva a las faldas de la sierra. En Bosa murió el camello en que venía cabalgando y sus huesos fósiles fueron después materia de idolatría, según refiere el cronista. Es oportuno hacer saber a este respecto que allí se han encontrado huesos de mastodonte en estado fósil, de los cuales hay molares gigantescos en el Museo Nacional. De Cota siguió la marcha al país de los Guanes, colindante por el norte con el de los Chibchas, "donde hay muchas noticias de él, y aún dicen hubo allí indios tan curiosos que lo retrataron aunque muy a lo tosco, en unas piedras que hoy se ven". De Guane regresó hacia el Este y entró a la Provincia de Tunja y Valle de Sogamoso, donde desapareció en el pueblo de Iza, dejando marcado su pie en una piedra que se hizo sa-

---

(1) Noticias Historiales, Vol. II, pág. 284.

cratísima. Esta contramarcha hizo pensar a los habitantes del valle sagrado de Iraca que la entrada del predicador había sido por la depresión de Pisba, de donde arrancaba una carretera hacia la llanura, de cien lenguas de longitud, según lo asegura el ilustrísimo señor Obispo don Lucas Fernández de Piedrahíta en su *Historia general de las Conquistas del Nuevo Reino* (1). Este civilizador y misionero del Sol, a quien los habitantes de este valle llamaron también Sadigua, estableció la jerarquía sacerdotal, instituyó el pontificado de Sogamoso, levantó allí el más célebre templo consagrado al astro divino y fundó las observaciones meteorológicas, dejando instruído en eso a su discípulo y sucesor Idacansás, quien por el gran conocimiento que tenía de las señales celestes, pronosticaba las mudanzas del tiempo, las sequías, las lluvias, los hielos y los vientos, según lo cuenta don Juan de Castellanos en la siguiente estrofa:

"El cual tenía gran conocimiento
En las señales que representaba
Haber mudanzas en los temporales,
De sequedad, de pluvias, hielos, vientos".

Dividieron los astrólogos de Sogamoso el año en doce meses que comenzaba en enero, con la iniciativa de las labores agrícolas, y en el diciembre celebraban una simbólica ceremonia que, según el cronista Simón (2), tenía por objeto conmemorar la institución del rito del Sol. Esta fiesta se llamaba del *Huan* y consistía en una danza de doce sacerdotes con librea roja al contorno de otro que vestía librea azul, acompasado con cánticos sobre las postrimerías del hombre y la incertidumbre de su destino después de la muerte. Esta ceremonia, en nuestro

_____

(1) Libro II, Cap. III, pág. 13.
(2) Noticias Historiales, Vol. II, pág. 312.

concepto, tenía por objeto concordar el año solar con el lunar, introduciéndole doce días más al mes de diciembre, que entre nosotros se distinguen por su cielo profundamente azul. Pero con este suplemento hay un exceso de un día cada ocho años; de modo que al fin de este tiempo se retiraría una de las libreas rojas del *Huan*.

La mayor división del tiempo entre estos indios era de setenta años, llamada *bxogonoa, que* se traduce por *edad,* equivalente a la duración media de la vida, la cual correspondía con algún ciclo meteorológico observado por ellos en este clima. Además de la división en meses lunares, el año constaba de cuatro períodos meteorológicos, cuyos nombres se han olvidado, excepto, del verano que se decía *suaty* (canción del Sol). Estos cuatro períodos estaban destinados al turno de las labores agrícolas y estaban separados por ciertas festividades oficiales. Los meses constaban de cuatro semanas, correspondientes a los cuartos lunares, con sus nombres propios, echados también en olvido, como casi todo entre los Chibchas, de valor simbólico. El día (sua) y la noche (za) estaban divididos a su turno en dos partes *suamena,* la mañana; *suameca,* la tarde; *zosca,* la primera noche, y *zagüi,* la madrugada (1).

Ante este metodismo tan escrupuloso, se concibe la necesidad de una tabla del tiempo o almanaque para regularizar las labores agrícolas y para generalizar los numerosos aniversarios festivos en un extremo del país. El Canónigo Duquesne, espíritu observador y sagaz, pretendió reconstruir este calendario, doscientos cincuenta años después de la Conquista, cuando se habían borrado de la memoria de los indios el idioma, la religión y los reglamentos agrícolas. No logró un éxito completo en su empeño,

---

(1) SIMON, Vol. II, pág. 306.

según lo demuestran algunos autores (1), quienes analizan detenidamente el asunto en sus libros sobre los Chibchas, pero, en nuestro concepto, abrió el camino y señaló el procedimiento de positivas investigaciones.

En el mes de enero (Suna ata) comenzaban los Chibchas "a labrar y disponer la tierra por ser tiempo seco y de verano, para que ya estuviese sembrado en las menguantes de la luna de marzo, que es cuando comienzan las aguas del primer invierno de esta tierra, y como desde la luna de enero que comienzan estas sementeras, hasta la del diciembre que las acaba de coger, hay doce lunas; a este tiempo llamaban con este vocablo Chocán (Zocan), que es el mismo que nosotros llamamos año, y para significar el pasado decían chocamana (Zocamana) y el año presente chocamata (Zocamata)".

Hacia el equinoccio de primavera, época de las siembras, hacían un conjuro para propiciar al Sol, el cual consistía en quemar los despojos del barbecho, junto con las basuras de la casa, y regaban las cenizas en los campos para abonar las sementeras, como tradicionalmente lo ejecutan ogaño los labriegos. Como oblación simbólica bañaban a los niños, los azotaban y los despachaban con una mochila al hombro a que discurrieran por los montes en busca de frutos naturales, cuya recolección les indicaba por su cuantía lo abundante de la cosecha. Al cabo de un mes de las siembras, había carreras de mancebos por los cerros, y el Cacique premiaba a los vencedores, también en recompensa del mayor esmero en las siembras (2).

Hacia el solsticio de estío, época de las deshierbas y aporcadura, volvía a repetirse la ceremonia de los abonos. Cuando el año era seco y

---

(1) Véase El Dorado, por don LIBORIO ZERDA, Los aborígenes de Colombia, por don ERNESTO RESTREPO TIRADO, y Los Chibchas antes de la conquista española, por don VICENTE RESTREPO.

(2) SIMON, Vol. II, pág. 323.

amenazaba el hambre, se sometían los Jeques a un ayuno riguroso que duraba algunos días, terminado el cual, subían a un cerro destinado al culto del Sol y allí quemaban moque y mechones untados de trementina y, tomando luego las cenizas, las esparcían por el aire, proclamando que aquellas habían de condensarse en nubes para que lloviera, y así sucediera la abundancia a la carestía (1).

Hacia el equinoccio de otoño, época de las cosechas, se celebraba la mayor de las fiestas en honor del Sol; a lo largo de las calzadas que conducían de los templos a los cercados de los Caciques. Estas fiestas consistían en bulliciosas mascaradas, procesiones y carreras de premios, sin que faltara en veces el mensaje de gracias al Sol, conducido por un *Moxa*, sacrificado para el efecto. Esta grandiosa ceremonia del culto agrícola, que todavía se verifica entre los descendientes de los Incas con el nombre de *haúchigua*, subsistió por mucho tiempo entre los Chibchas después de la Conquista, y subsiste aún modificada en su forma y embellecida con la ofrenda del *camarico* a San Isidro Labrador.

Estas ritualidades, naturalmente, entraron en el dominio del sacerdocio del Sol y los conocimientos meteorológicos que se cultivaban en el templo de Sogamoso constituyeron el patrimonio de esta casta privilegiada. En los *cucas* o seminarios se transmitían a los Jeques, en largos años de aprendizaje, envueltos en numerosos misterios, conjuros, evocaciones y oráculos, para formar así una ciencia hermética de imposturas y patrañas (2).

La hechicería llegó a ser una profesión de viejos holgazanes que andaban por los caminos vendiendo adivinaciones del porvenir y ensalmos

---

(1) SIMON, Vol. II, pág. 293.

(2) SIMON, Vol. II, Noticias Historiales, Cap. V.

misteriosos. Cuenta aquel predilecto cronista (1) que en Sogamoso hubo un sucesor del sabio Idacansás, quien convirtió en especulación la ciencia de los pronósticos para enriquecerse él y afamar su templo, valiéndose de mil embustes y embelecos para mantener embobados a los numerosos peregrinos que de todas partes allí concurrían y para imponerse a sus feligreses por el terror que inspiraban sus hechicerías y sus "amenazas de muertes, pestilencias y otras plagas". "Subiéndose a un monte que para esto tenía señalado, con algunos nobles que lo seguían, cuando quería dar a entender que habían de venir enfermedades de cámaras de sangre, se vestía de mantas coloradas, y tomando bija o almagre molido, lo esparcía por el aire; otras veces, cuando amenazaba con viruelas, se subía al mismo sitio, vestido de mantas viejas, y rascándose el cuerpo, lo que sacaba entre las uñas esparcía por los vientos, como que daba potestad con aquellos a que la enfermedad cayese sobre todos en el mismo lugar; se vestía otras veces de blanco y esparciendo cenizas por el aire, daba a entender había de ser aquella causa de secas y hielos, con que se habían de destruir las raíces y las demás comidas".

Esta mistificación, de origen sacerdotal, convirtió al Sol en una divinidad malévola y violenta, cuyo atente misterioso era el Diablo, a quien los atemorizados indios denominaban *Šuativa* o sea "Capitán del Sol", incorporando así en el benéfico astro las potestades del infierno. Descendió, pues, la ciencia astrológica a la vil categoría de una nigromancia mentirosa, y el majestuoso culto agrícola trocó sus guirnaldas perfumadas por las ofrendas sanguinarias de un fanatismo diabólico. Era necesario calmar la cólera del astro con crueles sacrificios de niños inocentes. En el altar que embellecieron las flores y donde se elevaba el

_____

(1) SIMON, Vol. II, pág. 217.

humo del incienso, palpitaban ahora las entrañas de las víctimas humanas y se levantaba el acre vaho de la sangre y el alarido de la muerte. En el Ariari, río que desciende del nevado de Sumapaz sobre la llanura oriental, había una tribu de adoradores del Sol, llamada de los Marbachares, probablemente de procedencia peruana, según se deduce de la etimología de los nombres geográficos, quienes sostenían un famoso templo, en el que criaban y educaban inocentes sacerdotillos impúberes para venderlos a los Caciques de la altiplanicie, a fin de que fueran sacrificados a la crueldad del astro con sevicia criminal (1). La víctima, llamada el *Moxa*, había de conservar su pureza virginal para ser fiel mensajera de las súplicas del pueblo. La macabra ceremonia la describe el autor tantas veces citado en el Capítulo V de la 4ª Noticia, con lujo de detalles repugnantes, y hace notar que los peruanos observaban idéntica ritualidad, observación que acogemos para hacer ver la comunidad de origen de las dos migraciones, o por lo menos, la procedencia de Nemqueteba, fundador del rito del Sol entre los Chibchas. Con la sangre del *Moxa* se regaban las piedras sagradas y su cuerpo se abandonaba en las altas cumbres para que lo devorase el Sol. En la *Guía general ilustrada* de las ruinas de Tihuanacu, escrita por el Capitán de Ingenieros Arthur Posnansky, se encuentra al pie de la página 26 la siguiente nota: "Una antigua costumbre entre los autóctonos (del altiplano de Bolivia) era la de enterrar los cuerpos humanos y de animales y frutos bajo los cimientos de las construcciones, para que acarreasen la buena suerte. Actualmente conservan esta costumbre los indígenas, pero la practican solo con animales y frutos". Esta horrible costumbre tenía su similar entre los Chibchas: cuando se hacía de nuevo la casa y el cercado

---

(1) SIMON, Vol. II, pág. 113.

de un Cacique, en los hoyos practicados para clavar los mástiles del centro del salón y de los pilares de la portada, se colocaban sendas niñas muy aderezadas y se dejaban caer sobre ellas los pesados maderos para triturarlas, y sobre la masa sanguinolenta se apisonaba la tierra alrededor de los postes. Servían para estos sacrificios las hijas de los nobles, quienes tenían a grande honor en contribuir en esta forma a que su sangre sirviese para cimentar la fortuna de los déspotas (1).

La necesidad de propiciar al Sol por medio de sacrificios de sangre se hizo extensiva para el buen éxito de toda clase de empresas, de modo que los mensajes ultraterrenos menudeaban; pero el alto precio de los Moxas no permitía su empleo sino a los potentados y en ocasiones solemnes, y hubo necesidad de habilitar otra clase de mensajeros de más modesto precio para el común de las peticiones. Los loros y papagayos, previamente aleccionados, desempeñaron estos sagrados parlamentos del vulgo; pero era preciso, sin embargo, que se les atribuyese un principio inmortal de vida a fin de que su cometido fuera eficaz. No consta que los aborígenes les atribuyesen alma a todos los demás animales; pero sí se sabe que tenían como sagrados a los ofidios, en cuyos cuerpos transmigraron la madre Bachué y su esposo, al retornar a la laguna que les había dado el sér. Pero el animal sagrado por excelencia, aquel que constituía el alimento ordinario del Sol, según se deduce de la etimología de su nombre, era la rana, hija también de las lagunas, a cuyo cuerpo transmigraban los hombres para regresar al principio eterno de su existencia. Las almas de las ranas eran las almas mismas de los hombres. Por esta razón tenía este animal una importancia fundamental en la mentalidad de los Chibchas y en su filosofía religiosa

---

(1) SIMON, Vol. II, pág. 298.

por lo que su figura representaba una multitud de ideas concatenadas entre sí. En relación con el culto agrícola, ella indicaba con su presencia el comienzo de las lluvias, el momento de las siembras; y con su ausencia, al presentarse el verano, la época de las cosechas; en orden a la teología solar, ella simbolizaba la nutrición divina y la reincorporación del alma humana a la eterna fuente de la luz; en lo que concierne a la psicología confusa del ser, ella implicaba el concepto de la vida y el misterio del pensamiento; como signo integral, ella representaba la raza, la nación, la especie humana.

CAPITULO X

LOS GOBIERNOS CHIBCHAS

En esta socialización del vínculo entre el S[c] y los hombres cabía, como un corolario indi[s]pensable, el fundamento divino del Gobiern[o] y la filiación sacrosanta de los Príncipes.

La autoridad de derecho divino, de lejan[a] procedencia, encontró entre los autóctonos un[a] mentalidad propicia a aceptarla como infalib[le] No era posible poner siquiera en duda que u[n] rayo de Sol se había cristalizado en las entr[a]ñas de la hija del Cacique de Guachetá par[a] engendrar a Garanchacha, fundador de la d[i]nastía de los Zaques. Con el Gobierno de l[os] hijos del Sol sobrevino una tiranía tan cru[el] como era la índole sanguinaria del dios, la cu[al] quedó simbolizada en la tradición popular e[n] la horrible figura del Pregonero negro q[ue] ejecutaba los suplicios, quien sembró de horc[as] el alto sobre que se recuesta Tunja. La legisl[a]ción que dictó el despotismo era de una sev[e]ridad inaudita y la etiqueta de la Corte e[ra] sombría. La cara del déspota no se podía mira[r] so pena de oprobio; de manera que este era [el] mayor de los castigos, más cruel que el de [la] horca, pues quien lo merecía por reincidente [o] alguna transgresión, era considerado infame, s[in] asilo, sin auxilio de nadie, indigno de la p[ie]dad de las gentes, como un paria. "Pero e[ra] tan grande la infamia, que se acababa su lin[a]je; pues ninguno del pueblo ni de la comar[ca] le daba sus hijos ni hijas para que se casar[a] con los suyos, ni le ayudaban en las labranzas ni en necesidad alguna, y todos se tenían por apestados de hablar con él, sólo porque había mirado al Cacique" (1).

Sin que sea necesario conocer en detalle la constitución civil de esta Monarquía despótica, por aquella muestra de la etiqueta palaciega, se puede deducir la obediencia que implicaba entre los vasallos la mera voluntad del Emperador y los Usaques de su dependencia: la honra, la propiedad, y la vida de los súbditos debían de estar, dentro del Derecho divino, a merced de sus caprichos. La autoridad y las preeminencias del Hijo del Sol no tenían límites! Bajo semejante régimen no se concibe más derecho individual que el que concediese la graciosa merced del déspota: suyo era el territorio, suya la fecundidad de la tierra, suyo el trabajo de los hombres... Las leyes eran meros reglamentos de subsistencia individual, de vida en comunidad y de armonía entre los súbditos para el mejor rendimiento del rebaño humano. Tal debió de ser el socialismo Chibcha bajo el dominio del Zaque, hijo del Sol. Así se explica la inmensa riqueza de este *príncipe*, alojado en una loma estéril cuando entraron los españoles, de la cual se admiran los cronistas.

Al contemplar la suma de fuerza que el régimen del Sol acumuló dentro del Gobierno tiránico del Zaque sobreviene a la consideración del sociólogo la virtualidad de las añejas influencias del terruño, personificada en el Zipa de Bogotá que luchaba contra el predominio asi invencible de aquel sistema de origen exótico y de complexión artificial, pero de sutil infiltración en la conciencia religiosa de un pueblo soñador y sentimental. El Zaque y el Zipa eran dos exponentes jerárquicos de diverso origen mítico, de separada sustentación mental, de consecuencias contradictorias y de finalidad

(1) SIMON, Vol. II, pág. 298.

antagónica. Si se medita en la coexistencia de dos poderes rivales dentro de un territorio uniforme y dentro de un agregado social homogéneo, se descubre un interesante proceso sociológico, encaminado a plasmar la constitución política del país.

Los dos sistemas de gobierno que encontraron aquí los españoles, bajo formas de una rusticidad elemental y envueltos en fábulas y tradiciones confusas y contradictorias, se distinguían, sin embargo, por características de netos perfiles, los cuales es preciso entresacar con escrupuloso esmero del fárrago de informaciones fantásticas o simplemente embusteras que candorosamente recogieron los cronistas, de boca de los indios ladinos, mentirosos e ignorantes.

Si la religión del Sol originó el Gobierno despótico de los Zaques, las enseñanzas de Bochica y el culto apacible y poético de la Luna y las lagunas debieron de determinar en la región del Zipa una modalidad gubernativa distinta; pues orientaciones mentales diversas conducen a diversidad de concepciones sociales como puede observarse actualmente en nuestros avanzados partidos políticos. No hay noticia de que al sur del Imperio hubiera templos dedicados al Sol, como se encontraron en Baganique, Tunja y Sogamoso; al paso que al norte no aparecieron tabernáculos consagrados a la Luna, como sucedía en Chía, en cuyo recinto pasaba su adolescencia el príncipe heredero de Bacatá, preparando su espíritu bajo la égida de esta diosa, para el ejercicio del Zipazgo.

El origen divino de la dinastía de Garanchacha tiene, efectivamente, su contraposición en el pueblecillo de Chía por el carácter militar de la sucesión del Zipa. Cuenta el cronista Simón en el Capítulo X de la segunda de sus Noticias, cómo se instituyó el Delfinado en un joven general de la familia noble de los Cana propietario del Cacicazgo independiente de aqu pueblo. Así, el Cacique de Chía, a quien heredaba el sobrino hijo de hermana, después de educarse en el templo de la Luna y de adquirir prácticas de gobierno en su Cacicazgo, como en un noviciado, entra a suceder al Zipa, con grandes ceremonias. No heredaba al Zipa su sobrino, como lo prueba el hecho de que siéndolo Sagipa del artificioso Tisquesusa cuando murió en lucha contra los españoles, los descendientes directos de éste, Caximinpaba y Cucinemegua, lo repudiaron, no obstante su sobrinazgo, por no ser heredero del Chía.

El Zipa tenía, pues, origen militar y conservaba su tradición guerrera manteniendo un ejército disciplinado que formaba con los hombres mejor conformados de sus Dominios, valientes, sueltos, determinados y vigilantes, gandules, según la expresión del cronista, a quienes, con el título de *Guechas,* encargaba de la defensa de sus fronteras y solía premiar ennobleciéndolos e instituyéndolos como Caciques, allí donde hacían falta los herederos legítimos. Para ser Guecha sólo se requería ser fuerte, como su nombre lo indica *(Gue,* inflexión del verbo ser y *cha,* varón, macho). De esa manera se incorporaba la democracia en la nobleza de los príncipes, bajo el dominio popular del Zipa.

Otro tanto debía de suceder en la administración pública por el lado de Tundama, por iguales motivos sociológicos; pero de ello no hay una noticia clara en los cronistas, quienes vinieron a definir a este príncipe cuando lograron someterlo los conquistadores españoles, años después de establecidos en Tunja las autoridades coloniales, como se demostrará más adelante. Con este sometimiento sobrevino la muerte de Tundama y la desaparición de su influencia gubernativa. De modo que solamente por analogía y por su valerosa actuación final, se puede deducir que el Gobierno por allende el Zaque, en la región de Duitama hasta las caídas del río Chicamocha por los lados de Soatá, era militar como el del Zipa de Bogotá. Los orígenes caribes de la demografía de estos pueblos autorizan esta creencia.

Por allí se interpuso un elemento teocrático, dependiente del Sol, con el gobierno espiritual del Pontífice de Sogamoso, el cual afectaba un carácter *sui géneris* que establecía una confusión con el dominio temporal. Los cronistas no saben definir y separar estos dos poderes; de modo que unas veces hablan del Sogamoso como de un sacerdote máximo, a quien le estaba vedado por su ministerio el uso de las armas, y otras veces lo llaman Cacique y lo hacen intervenir, como aliado del Zaque, con sus ejércitos en las luchas bélicas que éste sostenía contra el Zipa en la disputa del territorio, así como también en auxilio de Tundama, cuando la invasión española.

Para la mejor inteligencia de la prehistoria chibcha se impone la necesidad de independizar estas dos potestades, aunque en ocasiones de excepción hayan podido estar confundidas en una sola persona, bajo la forma de un gobierno netamente teocrático. Ya vimos atrás en cuanto a la potestad pontificia, de qué manera Sadigua, el santo misionero de oriente, dejó instituído en Sogamoso el culto máximo del Sol y como heredero de su soberanía y de su facultad sacerdotal al señor del Valle Sagrado de Iraca, quien se personifica en la tradición con el nombre de Nomparén, supremo legislador de los Chibchas y antecesor del astrólogo Idacansás. Es de suponerse que este personaje llevaba vida de penitencia y de estudio en su templo y que la sucesión de su Dominio espiritual no podía hacerse, aun dentro del número de sus sobrinos como era de usanza, sino mediante el aprendizaje profesional y la imposición de las sagradas órdenes dentro de la *cuca,* o seminario destinado al efecto; de modo que no era posible el llegar a la investidura de Pontífice de Sogamoso siguiendo los reglamentos comunes a la sucesión del poder civil, como para cualquier Cacique. Se impone, pues, la necesidad de desdoblar las dos entidades de Pontífice y Cacique de Sogamoso, sin perjuicio de que en muchas ocasiones coincidieron en una misma persona, como en el caso de Nomparén.

La elección de Cacique de Sogamoso tenía una reglamentación muy interesante. El pequeño Dominio de este Príncipe singularísimo parece que no comprendía sino el Valle sagrado de Iraca, donde hoy están las poblaciones de Gámeza, Busbanzá, Toca, Pesca, Firavitoba y Tobasía. Correspondía a los Usaques de los primeros cuatro pueblos hacer la elección del Jefe que debía gobernarlos a todos, residente en Sogamoso; pero esta elección no podía recaer sino en un caballero natural de Firavitoba, o Tobasía, alternativamente. En caso de discordia, intervenía con su voto, como Grande Elector, el Tundama. Para armonizar y explicar este curioso sistema, se nos ocurre la hipótesis muy desfavorable de que la familia sacerdotal de Nomparén se dividió en dos ramas, igualmente acreedoras, establecidas en los pueblos de Tobasía y Firavitoba. Dice el cronista Simón (1) que a Nomparén le sucedió su hermana Bunanguay, cosa inusitada tanto en la sucesión del poder civil como en el ejercicio del ministerio sacerdotal entre los Chibchas, quien heredó el celo por las prescripciones del legislador, se casó luego con un indio de Firavitoba, en cuyas manos se prostituyeron aquellas leyes. Pudo acontecer que Nomparén tuviese su línea de sucesión por sobrinos en Tobasía y que disputasen el pontificado con los sobrinos políticos de la Sacerdotisa. Para evitar discordias debió de establecerse el sistema de elección alternativa, y así se comprende la promiscuidad de hombres civiles y eclesiásticos en el Gobierno.

---

(1) Noticias Historiales, Vol. II, pág. 316.

En todo caso, es muy digno de señalarse entre los Chibchas un régimen tan avanzado como el electivo, aun en esta forma aristocrática, para la constitución de alguno de sus gobiernos.

Las leyes moralizadoras de Nomparén, según el cronista (1) se reducían a cuatro: no matar no hurtar, no mentir y no quitar la mujer ajena. Solo establecían la pena de muerte para los asesinos, y para los demás transgresores se imponía el castigo de azotes por la primera vez el de infamia personal por la segunda y el de la infamia hereditaria por la tercera reincidencia. Este sencillo código, comprensivo, sin embargo, de casi todos los actos punibles, fue tan eficaz para la moralidad del pueblo que, según el cronista, los indios ignoraban el hurtar y e mentir hasta cuando los españoles se los enseñaron; pero agrega que quedaron muy bien aprendidos.

Nemequene, Zipa que reinaba en la Sabana de Bogotá por los años de 1490, adicionó est código, según refiere don Juan de Castellanos desnaturalizando la pena del adulterio por medio del talión, e imponiendo castigos horrible al incestuoso y al sodomita. Es de presumir, si guiendo el buen acuerdo del Padre Simón (2) que estas leyes eran de inmemorial antigüeda entre los Chibchas y de uso consuetudinario "a cuya observancia nadie faltaba". Sancion también el *Don Alfonso* chibcha reglamento suntuarios, sobre uso de joyas y literas; desig nó al Fisco como heredero de quienes moría sin sucesión; defendió a la mujer casada con tra la negligencia de los maridos que las de jaban morir por incuria en los partos; limit el precio de las arras matrimoniales y desigr a quienes correspondía cobrarlas. Como Je de un régimen militar, decretó la obligación d servicio a la patria, declaró indignos a los c

---

(1) Noticias Historiales, Vol. II, pág. 316.
(2) Noticias Historiales, Vol. II, pág. 300.

bardes y los obligó a vestirse y ocuparse como mujeres; y condenó a muerte a los que desertaban ante el enemigo. En una palabra: echó las bases de la legislación civil y política para un pueblo que comenzaba a desintegrar y complicar sus actividades civilizadoras.

En concordancia con aquella legislación que dividía en diversos ramos de gobierno el poder del Soberano, nombraba el Zipa sus Ministros, y repartía los Cacicazgos, respetando siempre el régimen feudal, en orden a una buena administración de los negocios públicos. "Cuando sucedía que le faltaba heredero el Cacique, no tenía licencia el pueblo de elegirlo, porque el Bogotá lo ponía de su mano, escogiendo para eso los hombres de más nobleza y mejor sangre, costumbres y valentía, entre los cuales eran preferidos aquellos valentones que dijimos se llamaban Guechas, y estaban en las fronteras de sus enemigos los Panches; pero a estos que escogía el Bogotá para poseer estos Cacicazgos, en ninguna cosa ponía más cuidado para examinar sus costumbres, que en saber por experiencia serían honestos, conociendo de la mucha importancia que sea esta verdad para el Gobierno..." (1). El mismo Zipa estaba sometido a pruebas durante su noviciado de Chía y para entrar a ejercer el poder supremo tenía que jurar las instituciones de sus mayores.

Parece, según el cuidadoso expositor de la constitución del Reino, que cada Cacicazgo tenía sus preeminencias especiales y ciertas funciones distributivas de Administración, cuando agrega: "No eran iguales en linaje todos los Caciques; pues unos eran menores y de menos estimada sangre; otros eran de mayor estima a quienes llamaban Bsaques, y éstos eran en especial los que tenían sus pueblos en fronteras de enemigos, como el Pasca, Subachoque, Cáqueza, Teusacá, Fosca, Guasca, Pacho, Sinijaca. El Tibacuy era como Condestable; Gua-

(1) SIMON, Vol. II, pág. 296.

tavita y Ubaque eran como Duques; el Suba como Virrey, y el Rey de Bogotá...".

Este como Virrey de Suba era, según el historiador Piedrahita, una especie de Magistrado del orden judicial de segunda instancia, cuyas sentencias definitivas no tenían apelación. Probablemente no aparecen bien delineadas las funciones de este gran Juez en el naufragio de las instituciones chibchas que trajo el turbión de la conquista; pero la alta categoría que le atribuye el cronista, como segundo personaje del Reino, hace pensar que sus facultades administrativas debían de alcanzar un gran radio de acción.

Estos breves extractos y algunos otros que se podrían allegar con criterio constructivo, bastan a nuestro propósito de definir el estado de evolución social a que habían llegado los Chibchas en sus formas de Gobierno. De carácter meramente adjetivo y secundario, aunque concurrentes a precisar el prestigio de la autoridad en este pueblo sumiso son la majestad y pompa que usaba el Zipa en su harén, las ceremonias de su Corte y la solemnidad orgullosa con que se presentaba en público para ir al templo y para presidir las festividades agrícolas, en las cuales el pueblo arrojaba flores a su paso y los magnates tendían en el suelo sus mantas cubiertas de joyas.

PARTE SEGUNDA

CAPACIDAD INDUSTRIAL

CAPITULO I

EL COMERCIO Y LA MONEDA

Lo dicho hasta aquí define el régimen gubernativo de los Chibchas; pero ésto no basta para fijar su grado de civilización. Es preciso averiguar qué adelantos alcanzaban las clases populares en orden a conocimientos industriales. El gobierno relativamente desarrollado de los Caciques no podía ofrecer la desintegración administrativa, sin un sistema tributario eficaz, y éste requería un desarrollo industrial correspondiente, el cual surgió por virtud del conjunto de circunstancias felices que determinaron la existencia misma del pueblo.

La fecundidad de la tierra, la suprema ley del Sol y la imposición oficial le confirieron a la industria de los cultivos tal preeminencia, que la agricultura, pródiga y placentera, se confundió con la vida social desde el principio de los tiempos. No es posible pensar en un indio de la altiplanicie sin concebirlo inclinado sobre el surco, acariciando la tierra que el buen Bochica le dio en patrimonio. La superabundancia de producción, como consecuencia ineludible de este orden original de cosas, determinó la necesidad de las ferias para el cambio de los productos, con todas sus innumerables derivadas económicas y sociales. No es del caso seguir el curso de este desarrollo por medio de un proceso de la economía política bárbara; basta a nuestro propósito tomar tal cual exponente de los que nos presentan dispersos en sus narraciones los cronistas de la Conquista, para reconstruír el estado industral de los Chibchas, a fin de deducir su grado de civilización, de acuerdo con las nociones modernas sobre ciencias sociales.

Además de las ferias locales de cada pueblo para el cambio semanal de comestibles, había ferias de mayor cuantía e importancia para la distribución interior de ciertos artículos de producción especial en determinados pueblos, como en Muequetá o Funza para el expendio de mantas y tejidos de junco, cañabrava y otras fibras, pues los bacataes eran grandes tejedores; en Zipaquirá para el expendio de sal y objetos de cerámicas fabricados en Tocancipá, donde había hábiles escultores en barro; y en Turmequé, donde también había contratos sobre tejidos y, además, salían a la venta las esmeraldas de Somondoco, lo que determinaba en esta plaza cuantiosas transacciones.

Lejos de estas plazas de comercio interior, había otras de intercambio por productos de remota procedencia, como en Aipe, situado en la tierra de Pijaos, a quienes el Padre Simón apellidó Poinas o Yaporoges, mineros y fabricantes de joyas de oro. Allí se hacían las contrataciones al contorno de una piedra sagrada, grabada en bajorrelieves, en la cual todavía se ven los mitos de la tribu y, además, las figuras de los principales artefactos, como narigueras, zarcillos, petos y diademas, a cuya seducción acudían los Chibchas para cambiarlos por mantas, sal y esmeraldas.

En tierra de los Chipataes, en Sorocotá, cerca de Vélez, había otra piedra sagrada, de virtudes misteriosas, a cuyo contorno se agrupaban los mercaderes Chibchas cargados de sal, mantas pintadas y esmeraldas, para cambiaras por algodón que traían los Guanes y el oro n polvo que aportaban los Agataes. Esta piedra consagrada al comercio internacional de numerosas tribus, ejercía sobre los indios un poder de atracción irresistible por los estímulos que implicaba para sus contratos. Después de fundada la ciudad de Vélez, subsistía el ensalmo diabólico de la piedra de Sorocotá para congregar innumerables traficantes de valiosos productos, según refiere el cronista (1). "Advirtiendo en esto la ciudad de Vélez, y habiendo los Alcaldes de ella buscado la causa, hallaron que aquella piedra era la que no les podía arrancar de su primer sitio por las supersticiones que en ella tenían para sus contratos, con que determinaron con más veras quitarlos de allí, y para que del todo tuvieran efecto, hacer pedazos la piedra, la cual hallaron, quebrándola, tan rica de plata, que se sacaron de ella más de ochenta marcos, de que hicieron muchas piezas que algunas permanecen hoy". Como no apareciesen afloramientos argentíferos en la región, por muchas diligencias que se hicieron para encontrarlos, dedujeron los españoles "que aquella piedra la había traído allí el Demonio de alguna rica mina de plata de las ciudades de Mariquita, Potosí u otra parte, para las supersticiones que sobre ella hacían".

En el pueblo de Buenavista, al occidente de Chiquinquirá, en colindancia con la región de Muzo, hay otra piedra con grabados místicos, bajo cuya amistosa égida parece que se hacían las transacciones de esmeraldas entre los Chibchas y los Caribes adueñados a la fuerza de las afamadas minas. No está definido en la tradición el sitio de esta valiosísima feria, pero es bien sabido el gran número de estas preciosas piedras que circulaban en los mercados chibchas, las cuales le venían, según el cronista "por los contratos y rescates que había

---

(1) SIMON, Vol. II, pág. 308.

entre unos y otros", pues las minas de Somondoco se habían agotado en sus posibilidades de explotación, por falta de agua para trabajarlas a tajo abierto, y eran ya de poca consideración cuando las visitaron por primera vez los españoles (1).

El radio comercial de los Chibchas propasaba en muchas leguas sus dominios políticos como se comprende por el establecimiento del mercado en Aipe y como se deduce del encuentro que hicieron los conquistadores españoles de un puerto comercial chibcha en el pueblo de Tora, sobre el río Magdalena, en las bocas del río Carare, donde hallaron indicios de su comercio, y más arriba, sobre el afluente, almacenes escalonados de sal y mantas y tambos de contratación abandonados (2). Las mantas de manufactura chibcha iban hasta Santa Marta, cuyas tribus estaban vestidas con ellas y de donde se traían en retorno caracoles marinos u oro labrado por los Taironas. El uso de vestidos de manta no lo encontraron los españoles en todo el resto del litoral, según lo confirman las crónicas de la región de Cartagena. De modo que la influencia chibcha alcanzaba a larga distancia, hasta las costas de Santa Marta por las vías de comunicación por donde circulaba su extenso comercio. Y es de presumirse que, dado el criterio de los conquistadores, debió de ser la traza comercial lo que condujo sus pasos y no el anhelo geográfico de buscar los orígenes del río Magdalena.

Los cambios de géneros de tan distinta naturaleza, medibles unos por extensión como las mantas, otros por volumen como los comestibles, otros por peso como la sal, otros por número como las esmeraldas, y todos de diferentes valores, requerían sin duda de la intervención mental de una aritmética más compleja que la simple contada en los dedos, como en su

---

(1) SIMON, Vol. II, pág. 182.
(2) SIMON, Vol. II, pág. 91.

simplicidad les atribuyeron los cronistas a los Chibchas. No comprendiendo el Padre Simón los alcances de esta aritmética, da sin embargo, una idea de su eficacia, diciendo que eran tan "sutiles" en sus tratos que no había indio que los igualara. A lo que se agrega que vendían a plazo y cobraban intereses de demora (1).

Para poder atender a las mútiples exigencias de la vida económica de un pueblo productor, comerciante y usurero, se requería una medida de valores, a fin de establecer la relación de precios, y como coronación de un alto grado de desarrollo en este complicado orden de materias, existía entre los Chibchas la circulación monetaria. El hecho de existir el uso de las monedas de cambio en este pueblo, mal estudiado hasta el presente, es de una importancia fundamental para apreciar su estado de civilización. A un erudito en ciencias sociales este mero índice le serviría, por medio de lógicas deducciones, para hallar los conocimientos científicos, la organización industrial y hasta las sanciones morales de que disfrutaba el agregado político.

Las monedas eran circulares, de unos tres a cuatro centímetros de diámetro, sin marca alguna, de oro fundido en moldes a propósito. Este tamaño es presumible arbitrariamente, pues el que da el cronista es incierto, al decir que para esto los indios "usaban medidas de las coyunturas de los dedos de la mano, por la parte de adentro; de manera que la circunferencia del tejuelo había de llegar ambas dos rayas de las coyunturas". Ahora bien: por el espacio formado así cabe tanto una doble *águila americana* como una *libra esterlina*, según la longitud de los dedos. La confusión sube de punto cuando agrega que para los tratos de mayor cuantía usaban "unas hebras de algodón con que daban vuelta a la circunferencia

---

(1) SIMON, Vol. II, pág. 307.

del tejuelo y todo su ancho" (1). Esto último hace conjeturar que había moneda de diferentes valores, según su grueso, el cual se medía por el número de vueltas que podía dar el hilo por su canto. Esta información hace presumir, como es indispensable, que había una unidad monetaria para la medida de todos los valores. La avaluación de todos los artículos de comercio por su equivalencia de oro, según su volumen y calidad, permitía medir todos los objetos fungibles en unidad de moneda. Así podían decir los compradores: "Un real de papas, medio *real* de maíz, una manta de veinte *reales,* una esmeralda de siete veinte *reales,* etc.". El oro mismo, en polvo, en lingotes y en dijes, según el tenor de su ley y la calidad de la manufactura, podía ser avaluado en unidades de moneda. Pero cuál fuese esa unidad, qué elemento económico implicaba, y a qué principio psicológico se sometió su formación, es un bello problema de no imposible solución para quien explore los primeros reglamentos coloniales sobre transacciones y establezca la correlación de sus conceptos con el uso vulgar indígena. Análogas investigaciones se ofrecen al analizar las nociones elementales de longitud y volumen que necesariamente se deducen de este orden de ideas, en relación con el complejo concepto y uso de la moneda.

Bajo la Presidencia de don López Díez de Armendáriz, cuarenta años después de la Conquista, dispuso el Gobierno colonial la regularización de la moneda indígena, marcándola con el sello oficial. Para esto fue necesario fundar en Santa Fe cuatro cuños "por ser mucha la moneda que había de estos tejuelos" (2). Si entonces era mucha la moneda, era porque debieron de ser cuantiosos los negocios; pues el signo de cambio da la medida de las transacciones.

---

(1) SIMON, Vol. II, pág. 306.
(2) RODRIGUEZ FREILE, El Carnero, Cap. XI, pág. 66.

El primer encuentro de monedas que tuvieron los españoles en Tierrafirme fue en la corte del Zaque de Tunja, cuando autorizados los soldados de Quesada para buscar oro en la ciudad, dieron "en un bohío muy viejo e inhabitable que en él no entraba nadie sino eran gallinazos a dormir y posar, el cual debía ser de algún antiguo y gran señor que allí debía estar enterrado de mucho tiempo, se halló un catauro hecho de madera de costal, cosido con hilo de oro y todo él lleno de tejuelos de oro, en que afirman haber doscientas libras de oro" (1). Posteriormente, la noche del asalto y asesinato del Zipa Tisquesusa, encontraron los soldados en el saqueo de sus casas de campo algunas telas finas de algodón y un vaso liso de oro fino lleno de tejuelos de lo mismo, el cual vino a pesar mil ducados. Estas monedas, junto con algunas provisiones para la guardia del Príncipe, las había traído como tributo aquella misma noche fatal alguno de sus Usaques (2). Estas dos citas demuestran que la moneda era de antiguo uso entre los Chibchas y que la empleaban para pagar tributos y aun (es de presumirse) que para racionar la tropa, es decir, para la retribución de servicios.

La noción del ahorro con todas sus benéficas y múltiples consecuencias en la formación del capital, la tenían estos indios arraigada en sus costumbres privadas, como lo demuestra el uso que hacían de las alcancías, de las cuales se han encontrado muchas en los sepulcros, bajo formas diversas, que han permitido confundirlas con los vasos de ofrendas. Los *gazofila-cios* de los templos, de que se ocupan detenidamente los cronistas, tenían tapaderas movibles, y cuando estaban colmados, los depositaban los sacerdotes en sitios escondidos que los españoles llamaban *santuarios* o *guacas*. Las alcan-

---

(1) PEDRO DE AGUADO, Recopilación Historial, página 155.

(2) SIMON, Vol. II, pág. 209.

cías eran, por el contrario, vasos cerrados, con solo una perforación pequeña, por donde introducían los avaros granos de oro y esmeraldas, y se hacían enterrar con ellas. La forma humana con insignias de clasificación social de muchos de estos vasos hacen sospechar que representaban al difunto y que los granos preciosos servían para contar el tiempo vivido o las buenas acciones ejecutadas por ellos. Pero las verdaderas alcancías para acumular monedas eran simples cofrecillos cerrados, con una ranura, tal como las usadas actualmente, y de loza apenas decorada con dibujos. En el Museo Nacional de Bogotá se conserva uno de estos objetos, roto por la parte inferior de la manija para efectuar el saqueo; pero en el cual aparece la ranura como para introducir tejuelos de oro del tamaño de una libra esterlina. Otro vestigio de alcancía con grabados a punzón en barro antes de la cocción, interesantes por representar mitos caribes, se encontró en la laguna de Cachalú, cerca de Duitama. Era una esfera hueca de quince centímetros de diámetro, de barro negro, con su hendidura como para introducir medias libras esterlinas, la cual fue despedazada torpemente para extraerle el pequeño tesoro que contenía en tejuelos de oro.

La aceleración de los negocios, por virtud de la moneda, extendía la influencia comercial de los Chibchas, como una mancha de aceite por la periferia de la nación, y todas las tribus circunvecinas al traer sus productos a los mercados, se llevaban palabras, mitos y costumbres, como otros tantos agentes de civilización y de conquista pacífica. Los Sutagaos por el sur en la región de Fusagasugá; los Guanes por el norte en la región de Guanentá, y los Laches al noroeste por la región del Cocuy, fueron los primeros en asimilarse al genio chibcha, en transformar sus respectivos idiomas con la adopción de vocablos y giros muiscas, en poblar sus Olimpos con dioses de origen lacustre y en enriquecerse con industrias de la

ltiplanicie, hasta incorporarse en la gran fa-
nilia chibcha. Si algún día se puede hacer en
Colombia el estudio comparado de la civilización de sus tribus aborígenes, se verán en su
napa etnográfico grandes manchones, a modo
le colonias chibchas a punto de ponerse en
contacto, para formar una extensa Confede-
ración.

CAPITULO II

INDUSTRIAS NATIVAS

La actividad del comercio requería una co rrespondiente diligencia industrial. Los fruto y las manufacturas de la altiplanicie tenía una gran demanda entre la clientela de las ti rras bajas, de donde venían en cambio los fr tos tropicales, y el oro de los aluviones lejano La compensación económica que resulta de l diversidad de climas y de los contrastes geol gicos, determinaba entonces, como determin actualmente y como determinará siempre, d corrientes recíprocas de equilibrio entre el ce tro industrial y sus contornos de consumo.

Además del trueque agrícola de corto alca ce, alimentaba este movimiento el trueque minerales que alcanzaba un inmenso radio. La esmeraldas de Muzo y Somondoco, con su arr batadora seducción, iban de mano en ma hasta los más remotos confines del mund conocido, y el cloruro de sodio de Zipaquir Tausa, Nemocón y Sesquilé, como esencial el mento de vida penetraba los recónditos dom nios de las más remontadas tribus que car cían de manantiales salados. La sal por su u lidad y por la cuantía de su consumo valía m para la riqueza e influencia de los Chibch que las preciosas gemas.

El eje económico que ponía en movimien todo el mecanismo comercial de los Chibch era, pues, la sal, y como consecuencia, qui poseyera las minas que la producían de u manera fácil e inagotable, tenía en sus manos una influencia sociológica formidable.

La necesidad fisiológica del cloruro de sodio para la digestión de los alimentos fijó el campamento definitivo de las migraciones errantes y transformó en sedentarias las tribus nómadas. Al contorno de las fuentes saladas se agruparon los hombres de organización social, a lo que sirvió de estímulo la fecundidad del suelo y la dulzura del clima. Al respaldo de la cordillera oriental encontraron, en suelo áspero e ingrato, las migraciones de la llanura numerosas fuentes saladas que tal parecen colocadas allí por mano de la Providencia para señalar el sendero de una tierra de promisión. Las aguas salobres del río Casanare, ricas por lo mismo en variados peces, y bordeadas de vegas selvosas, fueron el sendero de las migraciones llaneras hasta las abundantes fuentes de Chita que arrojan a dicho río algo como cuatro mil kilogramos de sal por día. Cosa semejante podría observarse respecto de los ríos que bajan de las salinas cordilleranas de Cumaral y Upía, de Recetor y Pajarito, de Mámbita y Barital, todos los cuales incitaron el éxodo hacia la cordillera que sirve de sustentáculo a la altiplanicie placentera y feraz de los Chibchas. Allí, en la cuenca geológica de los lagos superandinos, estaban los inmensos bancos de sal gema que quedaron por la evaporación de los mares mediterráneos, de donde se originan por infiltración a través de las capas de levantamientos, aquellas fuentes providenciales, promotoras del éxodo humano. Zipaquirá, Nemocón y Sesquilé, afloramientos en la Sabana de Bogotá de aquel inagotable almacén de vida, debían ser, como fueron, el origen de un poderoso Imperio indígena. Pudo el ceño caprichoso de los tiempos imprimir diversas y efímeras modalidades en la entidad social cada vez más compleja, que se agrupaba al contorno de aquellas minas; pero mientras ellas no se agotasen, subsistiría la hegemonía del pueblo que las poseyera. No importaba el carácter impositivamente fatal de esta hegemonía que cayera sobre la Sabana de Bacatá, como un aluvión eterno, las migraciones de los Laches y Tunebos, de los Achaguas y Omaguas, de los Punabis y Guaipunabis, por el oriente; de los Taironas y Guanes, por el norte; de los Agataes, Muzos y Colimas, por el occidente, y de los Panches y Sutagaos, por el sur. Todos vinieron a pagar aquí con sus nuevas ideas y sus industrias forasteras el tributo de la sal.

Sysqui, "cabeza" en la lengua chibcha, se pronunciaba *sesquí* y se prestó para darle el nombre de Sesquilé, pueblo donde había una gran fuente salada que se explotó hasta hace pocos años, cuando se descubrió el banco. Ignora el autor lo que significa la partícula *le*; pero el componente principal le hace pensar que allí estuvo la *capital* de los Chibchas, como lo fue después Zipaquirá, según su nombre lo indica. Las etimologías de esos nombres geográficos hacen comprender que las minas de sal eran del dominio eminente del Soberano, como continuaron siéndolo después de la Conquista a favor de la Corona de España, por prescripción, así como lo fueron todas las propiedades del Zipa. Aquellas minas, hoy de la Nación, constituían el Tesoro del Soberano chibcha y su principal recurso fiscal, suficiente para hacer de éste un potentado, dados el radio de consumo de la sal, la condensación de la población y la aplicación de los Chibchas al comercio con las tribus vecinas. El reconocimiento del prestigio que las minas de sal le prestaban a la soberanía nacional de los Chibchas se descubre, además, por la etimología de Nemocón, que significa *apoyo del león;* y bien sabido es que este noble y poderoso felino fue el símbolo de la realeza, origen de la heráldica para todos los pueblos bárbaros, antiguos y modernos.

En la terminología de la salina de Zipaquirá subsisten, como vestigio de la antigua, dos palabras chibchas: *rute,* la cual debió pronunciarse *rua-te,* cuya etimología *derrame de arcilla* coincide en parte con su significación de *respaldo del filón* que tiene actualmente; y *gua-za,* nombre de un socavón, la cual en lengua chibcha significa *noche del cerro.* Ambas expresiones demuestran la técnica que para la explotación del mineral usaban los Chibchas. Perseguido un filón de la entraña oscura del cerro, suele tropezar el minero con una falla de arcilla o pizarra, la cual por una larga práctica adquiere un nombre propio en la jerga del oficio. *Rute* se llama también actualmente un sitio en la cresta del cerro de sal, donde se han encontrado las laberínticas galerías de explotación indígena, de difícil y casi imposible reconocimiento actualmente por los peligros que ofrecen, por sus estrecheces y gases deletéreos. La cubicación de estos socavones acusaría el tiempo gastado en practicarlos con los escasos medios de trabajo de que disponían los indios; serviría también el volumen de sal extraído durante ese tiempo, para calcular la población que alimentó.

Sostienen algunos cronistas, entre ellos Rodríguez Freile, quien recibió informes tal vez interesados de un sucesor del señor de Guatavita, que éste era el Soberano de la Sabana y que el Zipa no fue sino un general usurpador (1). Esta tradición parece comprobarse estudiando la traza de la migración conquistadora que entró por el cañón del río Guavio, donde aparecen las fuentes saladas de Manvita, primer aposentamiento del éxodo, cuya etimología significa "fin de la llanura". Para quien conoce algo de lengua chibcha, sin considerar el curso de aquella migración, le sorprende el nombre de Guata-vita, que significa "fin de cultivos de la tierra", cuando justamente es lo contrario, en un viaje inverso: la puerta del sendero de la sierra. A pocos kilómetros de Guatavita está

---

(1) RODRIGUEZ FREILE, El Carnero, Cap. II.

Sesquilé, capital del Reino de Cundinamarca, según opinión de Rodríguez Freile, y no Funza o Facatá, como lo creyeron los Quesadas.

Dicen los cronistas por toda noticia sobre la industria de la sal (1) que los españoles encontraron en Barrancabermeja, sobre el río grande de la Magdalena, algunos panes de sal, lo que les hizo comprender el sendero que debían seguir para encontrar un pueblo civilizado. No se conformaban, pues, los Chibchas con aprovechar en el consumo local el agua salada de las fuentes, sino que la compactaban al fuego para venderla en lejanas tierras. La compactación requería un proceso industrial un tanto complicado, cuyos detalles poco modificados a través de cuatro siglos, pueden verse en nuestras grandes fábricas oficiales del presente, en toda su rusticidad prehistórica. La diferencia principal estriba hoy, no tanto en la cuantía de la producción, que entonces debió de ser muy grande para alimentar un grupo de población mayor que el actual, sino en los métodos de organización del trabajo y en el tamaño de las vasijas o moldes de compactación, adecuados para los transportes a espalda humana. Las pequeñas vasijas de forma semiesférica para hacer panes de sal, cuyos fragmentos se suelen encontrar a inmediaciones de las salinas en excavaciones ocasionales, eran económicas de combustible y de muy rápido despacho; pero requerían un gran número y, por ende, una grande alfarería como auxiliar.

La industria de la cerámica chibcha, de que han quedado claros y bellos vestigios en los cementerios indígenas, tuvo por nodriza la compactación de sal, y naturalmente, la necesidad de ollas y utensilios de cocina; pero prosperó hasta alcanzar la categoría de noble arte, merced a las exigencias de lujo de las tribus consumidoras de sal, ricas en oro, como las de Santander y Antioquia, quienes pedían a la

---

(1) SIMON, Vol. II, Cap. XXXI.

fantasía de los Chibchas multitud de objetos de barro, cuya aplicación no se comprende actualmente, los cuales demuestran una sorprendente desintegración de necesidades y un gusto refinado para satisfacerlas.

Al contorno de las salinas de Zipaquirá, Nemocón, Tausa y Sesquilé, que están agrupados dentro de un corto circuito, se desarrollaban las alfarerías ordinarias, y los grandes talleres de cerámicas artísticas, en los pueblos circunvecinos de Tocancipá, Gachancipá, Cogua, Guatavita y Guasca, cuyas arcillas plásticas ofrecían materia prima excelente para el primor de las labores. Todavía, a pesar de la decadencia consiguiente a los cuatrocientos años de hostilidad de los dominadores, los indios actuales de dichas poblaciones labran la arcilla con cariñoso esmero en la fabricación de utensilios vulgares.

Los alfareros chibchas satisfacían con los artificios de su tosca industria a otras necesidades industriales, construyendo husos y torteros de hilandería, rodillos labrados para impresión de relieves, bruñidores de platería, crisoles y matrices de fundición, ocarinas y otros instrumentos musicales y multitud de otros pequeños implementos cuya aplicación no se ha podido descubrir, y en todos esos objetos gastaban superfluos adornos, en cuyo derroche artístico demostraron un excesivo amor a lo bello, muy superior a su atraso social.

En los utensilios domésticos imitaban flores y frutas con relativa maestría y adornaban las asas de las vasijas del más vulgar uso con mascarones y cabecitas de monstruos, con el mismo primor con que hubieran decorado los vasos sagrados. Los cuellos de los humildes cántaros para cargar agua o chicha solían representar figuras humanas más o menos grotescas, y los dibujos y pinturas que gastaban en sus cacharros implicaban aplicación y conocimientos técnicos sobre la química de los colores. Sorprende ver en muchos objetos las incrustaciones que les ponían con barro de diferentes clases para que dieran efectos varios después de la cocción.

En casi todos los sepulcros indígenas aparece junto al cadáver una terracota representativa del sexo y de las dignidades del difunto, huecas y con una pequeña perforación por donde se le introducían granitos de oro, alhajuelas o meras pepitas de piedras, según la riqueza o categoría del difunto. Los violadores de sepulcros en busca de oro, que todavía persiguen en su último sueño a esta raza desventurada, suelen destruir con torpe codicia estas valiosísimas obras de la industria para robar los pequeños objetos que contienen.

En aquellas efigies no se proponen los artistas reproducir fielmente la imagen del personaje que representan, pues hasta esa cumbre no llegó el arte de la estatuaria chibcha; pero sí procuran representar el sexo, el carácter, el genio o las cualidades morales. Hay algunas que por su expresión representan la muerte con gesto doliente; otras, risueñas, aparentan afabilidad; algunas, por el contrario, ponen de manifiesto un carácter adusto; y la mayor parte afectan un gran sosiego del alma y una especie de solemne majestad, probablemente muy de acuerdo con la augusta persona que representan.

Si los artistas chibchas no podían o, por prescripción de sus creencias, no querían copiar los rasgos físicos característicos de cada individuo, sí manifestaban una habilidad superior para interpretar los rasgos morales, circunstancia subjetiva muy de tenerse en cuenta para apreciar la psicología de ese pueblo. A esta modalidad artística conviene agregar, por guardar ciertas analogías mentales con ella, la abstención de representar en esculturas a las divinidades superiores. Por grande que fue la devoción de los Chibchas por el sol y la luna; por Bochica y Chibchacun, por la madre Bachué y Chaquen y demás divinidades mitológicas, no se les encuentra representadas ni en arcilla ni en oro. ¿No sería porque estas divinidades superiores no afectaban en el concepto mental de los indios la forma humana?

Hay un distrito en el Departamento de Boyacá donde no ha perdido de su antigua intensidad, aunque sí de su calidad, la industria indígena de la cerámica; es Ráquira, el cual provee de ollas y demás utensilios de cocina un círculo de consumo de más de cincuenta leguas de radio, por tan malos caminos como los de la época de conquista, pues son los mismos que trazó la planta del traficante prehistórico sin ninguna mejora.

Asentada la población en un vallecillo primoroso y dulce, guarnecido de cerros estériles, se ha perpetuado allí la raza indígena en toda su pureza, merced a la holgura económica que le procura su rutinaria industria ya que la esterilidad de la tierra no provoca a la codicia. Allí, aparte de la estrecha vega del riachuelo Sutamarchán, origen del río Saravita. la cual como es de suponerse está ocupada por propietarios blancos, no se ven sino derrubios de piedra y barrancas amarillas de arcilla plástica. Por los estrechos senderos que contornean esas faldas desoladas hoy, en desfilada hacia Tunja, hacia Vélez, hacia Ubaté, se encuentran las partidas de borricos y los peatones indígenas cargados de ollas hasta más no poder, imperceptibles bajo el volumen de la frágil mercancía.

En cada cañada, en cada arruga de los cerros amarillentos y rojizos, donde aparece furtivo un pequeño verdegal, hay hornos de locería, de minúsculas proporciones, hechos con piedras boludas, cementadas con barro, y contigua la enramada escueta de la manufactura, tan harapienta su cubierta de paja como la indumentaria de los artífices que bajo ella modelan la dócil arcilla.

Pero la vereda famosa de ese Distrito es la de Roa o Rua cuya arcilla es un verdadero caolín de porcelana. Rua significa "barro de ollas" y el nombre de esta vereda originó el de Ráquira o Ruaquira del Distrito ollero.

En la vereda de Rua está condensada la población industrial indígena y probablemente allí estuvo radicada la ciudad prehistórica, según se ve por las cuevas que han quedado de los antiguos socavones de las minas de caolín. Actualmente continúa este sistema de excavaciones, sin plan ni precauciones, para formar laberintos subterráneos donde falta el aire respirable y que son verdaderas trampas, en las que pueden quedar sepultados los mineros que se aventuran en sus profundidades. Cada industrial que necesita material para sus labores paga un pequeño estipendio al dueño del terreno y penetra al socavón en busca del banco que mejor le conviene, según el color y la calidad del producto. No obstante disponer la industria actual hasta del material para la porcelana, la manufactura de objetos ordinarios con greda ferruginosa es la preferida por su bajo precio. La antigua producción de terracotas ha desaparecido desde el naufragio sociológico de la Conquista. "Pueblos de los olleros" los llamaron los conquistadores, dice Piedrahíta, porque en todas las villas y lugares del contorno de Tinjacá había primorosos artífices de vasos y figuras de barro, tan atentos al oficio, que ni la entrada de los españoles pudo distraerlos de sus ocupaciones.

CAPITULO III

LA POPULAR INDUSTRIA DE TEJIDOS

Entre las cardinales industrias chibchas, deben de haber sido importadas, la de los tejidos, por requerir una materia prima como el algodón que no se produce en el suelo de la altiplanicie, y la orfebrería, por requerir asimismo un mineral que no se encuentra en el subsuelo de estas alturas. Estas dos industrias vinieron con las migraciones conquistadoras. No puede pasar de ser mero símbolo, en memoria de aquellas migraciones civilizadoras, la pintoresca leyenda de Nemqueteba que lo describe entrando por el páramo de Chingaza montado en un camello, para venir a enseñar a los Chibchas la moral, las ciencias y las artes: es de notarse, en efecto, que en esa leyenda se mezcla la idea de un animal que no pudieron conocer los naturales, por ser procedente de muy remotas latitudes. No parece tampoco posible que los autóctonos hubiesen conservado, a través de luengos siglos, el recuerdo de los grandes mamíferos que vivieron en este país, en el terciario superior. La extinción de estas especies, si es que convivieron con el hombre primitivo, debió de envolverse a éste en las mismas causas de desaparición local. Parece, pues, evidente que la asociación del recuerdo de Nemqueteba con la idea extraña de los grandes mamíferos, al paso que imprime carácter legendario a la tradición del misionero, filia el origen de la migración que con ella se confunde.

"Este les enseñó a hilar algodón y tejer mantas, porque antes de ésto sólo se cubrían los indios con planchas que hacían de algodón en rama, atadas con unas cordezuelas de fique unas con otras, todo mal aliñado, y aun como a gente ruda, cuando salía de un pueblo les dejaba los telares pintados en alguna piedra lisa o bruñida, como hoy se ven en algunas partes..." (1).

El grado de perfección a que llegaron los Chibchas en el tejido de telas demuestra que la lección quedó muy bien aprendida, o más bien, que la adquirieron en un ejercicio continuado, en fuerza de la necesidad y a través de mucho tiempo de lenta evolución.

En la penosa marcha de la expedición de Quesada de subida por el río Magdalena, el General alentaba a los soldados alegándoles que

Muestra de los dibujos que dejó Nemqueteba.

_____

(1) SIMON, Vol. II, pág. 284.

las mantas encontradas en la desembocadura del río Carare habían sido conducidas por este río, eran indicios de que procedían de gente honesta y no desnuda, como la encontrada hasta allí. Las encontradas eran de algodón, "muy delgadas y bien tejidas" (1). Con ellas hicieron vestidos los expedicionarios quienes venían desharrapados por las zarzas del camino. Hay en el Museo Nacional de Bogotá un pequeño fragmento de manta chibcha, el cual semeja por su contextura una muestra de dril, listado con líneas rojas. Para mejor conocer la calidad de los driles que tejían los indios, puede verse el lienzo, obra de ellos, en que fue pintada la imagen de la Virgen de Chiquinquirá, mandada hacer por el Encomendero de Sutamarchán, Antonio de Santana, en 1555, a raíz de la Conquista. Es sabido que treinta años después de olvidado y abandonado el sagrado cuadro en una cocina, se cumplió su renovación en 1586 (2).

La industria de los tejidos de algodón fue la más popular y generalizada entre los indios de toda la altiplanicie, quienes la llevaron a la mayor perfección. Todas las mujeres hilaban, inclusive las damas nobles. El número de husos y torteros de hilandería que se encuentran soterrados y dispersos al roturar y arar los campos en toda la extensión del territorio, demuestra cuán generalizada estuvo esta industria. Es digno de observarse en estos implementos de la industria prehistórica, el cariño de los dibujos y adornos con que muchos de ellos aparecen ornamentados, demostrativos de cierto refinamiento de gusto, aplicado por los Chibchas a los objetos del más vulgar uso, y de la estima en que tenían la labor de la rueca. To-

---

(1) Obra citada, Vol. II, pág. 85.
(2) Fray A. MESANZA, Nuestra Señora de Chiquinquirá, pág. 20.

dos los torteros son de piedra dura y los dibujos rayados en ellos, algunos tan complicados que dan en qué pensar, requerían utensilios muy afilados y un grande esfuerzo de ejecución. Hay otro pequeño objeto, no ya de guijarro sino de exquisito arcilloso de fácil talla, en forma de cisne, que abunda en el suelo junto a los torteros labrados, cuya aplicación se ignora; pero por estar asociados con éstos, es de presumirse que fueran accesorios del telar: parecen una especie de clavijas para enredar la urdimbre, pues se ve en la garganta del cisne el pulimento brillante del roce de una c u e r d a. La abundancia de estos vestigios de la industria chibcha hace pensar en un inmenso taller de hilados y tejidos de algodón, constituído por todo un pueblo.

Este producto de su industria tenía para los indios una importancia extraordinaria. Todos los acontecimientos de la vida los festejaban con regalos de

Adornos de telas, tomadas de los petroglifos chibchas.

mantas: al consagrarse los Jeques el Cacique les obsequiaba con finas telas pintadas; el pago de los servicios sacerdotales en la ceremonia de las ofrendas se hacía con dos mantas y algún oro; en la coronación de los reyes el príncipe devolvía doblados los presentes de mantas que se le hacían; en la posesión de los Caciques se les festejaba con mantas magníficas, y los nobles los vestían con telas finas; en las procesiones reales el suelo por donde pasaba el príncipe se cubría con mantas; en las carreras de honor que se hacían para estrenar las casas, el Cacique premiaba con seis mantas al mozo que llegaba primero, con cinco al que llegaba en segundo lugar, con cuatro al tercero, etc.; en las grandes fiestas agrícolas el Zipa daba también premios de mantas a los luchadores en los juegos atléticos; las solicitudes de matrimonios se hacían con presentes de mantas y comestibles donados al padre de la novia; el cobrador de impuestos tenía como honorarios una manta por cada día de demora en el pago; los almacenes de los reyes estaban siempre provistos de mantas para vestir a los soldados y servidores; a los muertos se les amortajaba con mantas especiales; en una palabra, las mantas tenían, como objeto de retribución y presente, más importancia y aplicación que la moneda, la cual sólo se usaba en los tratos (1).

El consumo de estas telas en los vestidos era muy grande, debió de serlo en gustos y calidades, según su aplicación. El traje de la plebe consistía en una túnica y una capa de tela gruesa rayada en colorines, a la usanza de Nemqueteba. Las mujeres usaban debajo de la túnica una falda blanca de tela más fina para mayor recato y resguardo, según la expresión del cronista. Los nobles y los monarcas llevaban mantos riquísimos adornados con dibujos he-

---

(1) SIMON, Vol. II, pág. 298.

chos a pincel. Las dalmáticas de los sacerdotes del Sol eran rojas, y eran blancos los ornamentos de Chía (1). Es dudoso que el artificio artístico de los dibujos en el tejido se degradara con el empleo de pinturas a pincel. Lo probable es que aquellos dibujos eran tan perfectos que parecían hechos a pincel.

Los diferentes tintes indelebles que la flora tropical ofrece hoy en la industria los empleaban con primor los aborígenes para el adorno en el tejido de las telas. El soberbio manto que se dice de Atahualpa, conservado en el Museo Nacional de Bogotá, es un dechado de tejido en colores. En el Museo de Ciencias Naturales de Nueva York se exhiben mantas prehistóricas del Perú, con dibujos intercalados en el tejido de una labor admirable; aquello parece pintado a pincel. No es pues de extrañarse la equívoca aseveración de los cronistas de que los mantos de los reyes chibchas eran pintados, valiéndose de un artificio industrial tan degradante del arte y de tan efímera duración, como el estampado con rodillos y con colores de tierras molidas.

El *añil* (Indigofera tinctórea) de primorosos tintes azules, desde el celeste hasta el que se confunde con el negro; la cochinilla que se cultiva con esmero en los valles de Tinjacá y Ráquira, para producir la púrpura más vehemente; la *púnciga* (areodaphne laurínea) cuyas hojas verdes al refregarlas producen una mancha morada; la *batatilla* (pharbitis colorante), el azafrán (crotus sátivas) de color de oro; el *trompeto* (Beconia frutescens) de un bermellón anaranjado, y muchos otros que la decadencia industrial hizo olvidar, proporcionaban a los tejedores del Zipa, del Zaque y de Suamox los más variados elementos de pictórica para la urdimbre de los telares. Para buscar la adherencia del color en la fibra empleaban cierta

(1) SIMON, Vol. II, 4ª Noticia.

química intuitiva, de consejo práctico, mezclando a la materia colorante algún mordiente vegetal rico en tanino, la sal de cocina o la lejía de ceniza. Así también lograban combinaciones de colores para nuevos tintes; por ejemplo: para producir el carmelito (siena) mezclaban con lejía el *gamon* (dianella dubia), el cual a solas produce el color morado; para producir el azul verdoso, mezclaban la *ubilla* (cestrura tintorium) con pepa de aguacate y sal; para producir el negro revolvían el zumo del *raque* (vallea stipulares) con yerbabuena (menta sativa) y barro podrido.

Como podría decirse del apego de los indios a la industria de los tejidos, lo mismo que dijo Piedrahíta de la industria de la cerámica, que ni la entrada de los españoles pudo distraerlos de su oficio, resulta que en la actualidad los chibchas sobrevivientes en el Departamento de Boyacá han perpetuado los procedimientos precolombinos en hilados, telares y coloración de as hilazas, donde puede estudiárseles actualmente, según observación técnica hecha por el señor Silvio Sandoval Mendoza, alto empleado de la Fábrica de Tejidos Samacá, quien ha escrito al autor una carta al respecto.

En cuanto a la forma de los antiguos dibujos, pueden verse eternizados en las piedras pintadas por los indios en el territorio chibcha, muchas de las cuales contienen prescripciones de este orden industrial, dejadas allí por Nemqueteba quien según tradición ya citada, "cuando salía de un pueblo les dejaba los telares pintados en alguna piedra lisa y bruñida, como hoy se ven en algunas partes, por si se les olvidaba lo que les había enseñado". Aquellos dibujos complicados, de unos arabescos enredados, de imposible retención en la memoria, eran pues un motivo de recuerdo tradicional muy antiguo. Los rodillos de impresión de grecas que hay en el Museo Nacional, algunos de procedencia exótica comprobada, servían probablemente a los pueblos de tierra caliente que andaban desnudos, para tatuarse el cuerpo. Este tatuaje era como el vestido de los habitantes de la llanura oriental de los ardientes valles, el cual se renovaba diariamente, cada vez que se les borraba por sus frecuentes baños, y a algunas tribus les causaba rubor el cubrirse con telas, según refiere el Padre Gumilla. Hay otra especie de rodillos de impresión negativa que servían para sacar relieves, probablemente aplicados en la cerámica.

Además de los vestidos del vulgo y de los ornamentos del sacerdocio y de la realeza, existieron otras formas complicadas de indumentaria, de las cuales no traen noticias los cronistas, según se deduce de ciertos moldes empleados en la orfebrería para reproducir figurillas de oro que representaban personajes elegantemente ataviados. En el Museo del Convento del Desierto de La Candelaria, cerca de Ráquira, tuvo el autor oportunidad de ver una piedra matriz para repujados, en la que aparecen verdaderos figurines de una moda de faldas, corpiños y diademas elegantes y muy adornadas. Las telas de encajes que estos adornos implicarían debieron de constituir un ramo accesorio de la industria de los tejidos de que no quedó memoria.

En las terracotas generalmente no suele encontrarse más información sobre la indumentaria que la referente al tocado de la cabeza y el cuello, en turbantes variadísimos y en gargantillas también muy diversas, lo que prueba la instabilidad de los usos, y la diferenciación de los trajes según categorías sociales. La intención del desnudo en estas representaciones de cerámica era para manifestar el sexo de la persona representada, cosa que interesaba grandemente al propósito de las obras artísticas. Hay por excepción una interesante terracota en la cual se atiende simultáneamente a este propósito y al de la exhibición del traje y en ella se ve el uso del calzón bombacho en tre las mujeres, siguiendo una antigua moda asiática.

Tan curioso y expresivo documento sobre indumentaria chibcha fue encontrado en el sitio de *El Dintel* por el señor ingeniero don Justino Moncó, al practicar un profundo corte en la prolongación del Ferrocarril de la Sabana. Con esta clase de documentos, de información irrefragable, una crítica sagaz puede ir rectificando las afirmaciones antojadizas sobre los Chibchas, formuladas mucho tiempo después de borrado el cuadro sociológico a que se refieren.

Maures llamaban en el Nuevo Reino las franjas de colores que tenían las mantas listadas, y según el número de maures, era el precio de la mercancía. Para mejor formar idea sobre este precio, conviene conocer lo que al respecto dice el Padre Aguado (1): "Pues preguntándoles a estos tales indios que cómo habían traído el hayo y el algodón de las partes referidas, y lo que en cada cosa interesaban, a lo cual decían que el algodón lo iban a comprar donde lo había, que en la provincia de Tunja era hacia la parte de Sogamoso en más cantidad, y que allí dan por una carga de algodón por desmotar, que es lo que un indio puede cargar, una manta buena; y que traído a su tierra, aderezándolo, hilando y tejiéndolo, hacían de ella otra tan buena manta como la que habían dado y cuatro mantas chingamanales que se llaman de este nombre por ser pequeñas y bastas y mal torcidas y peor tejidas, y suelen dar por una buena manta, tres o cuatro de estas *chingamanales,* y es todo lo que interesan y granjean en lo del algodón". De aquí se deduce que cuatro arrobas de algodón, que es lo que puede cargar a espaldas un hombre, equivalía en precio a dos mantas finas aproximadamente. Las mantas de cama o frazadas a que se refiere el cálculo anterior tenían general-

---

(1) Recopilación Historial, pág. 268.

mente un metro ochenta centímetros en cuatro o sea, según medidas antiguas españolas, dos varas y sesma por cada lado; pero es de suponerse que había más pequeñas. Los indígenas de la Sabana se proveían de algodón en la región de Fusagasugá y Cáqueza, los de Tundama y Soatá y los de Ubaté en el mercado de Sorocotá, con los Guanes.

Estos son los informes que se pueden recoger entre los cronistas sobre la popular industria de las mantas, a que los Chibchas dedicaban los momentos que les dejaban a los hombres las tareas agrícolas y a las mujeres los oficios domésticos. Se puede asegurar que antes, como después de la Conquista, hasta nuestros días, no había casa indígena donde no hubiera un telar en permanente función. La santa ley del trabajo era para los Chibchas la bendición de Dios.

CAPITULO IV

LA ORFEBRERIA
Y SUS DERIVADAS MINERALOGICAS

A trueque de los productos de su industria, base fundamental de su riqueza, traían los Chibchas de los mercados lejanos algodón para el tejido de las mantas y oro en polvo para la fabricación de sus fetiches. Estos consistían en figurillas de oro batido o simplemente fundido, en forma de animales inferiores como la rana, el lagarto, la araña, etc., a los cuales dispensaban supersticiosa fe para encomendarles su buena suerte y para confiar a su influencia la ventura de sus empresas. Como sacrificios a las grandes divinidades, se desprendían de estos fetiches para depositarlos en sus templos y lagunas de adoratorio por vía de ofrendas. La presentación de las ofrendas se hacía por mano de los Jeques o Sacerdotes, mediante ciertas solemnes ritualidades. Tres modos había de ofrendar: en los santuarios de los campos; en los templos y en las lagunas, arroyos, peñas y cerros. "Teniendo, pues, cada uno algunas de estas señaladas para su devoción y ofrecimiento, cuando tenía alguna necesidad hombre o mujer, la comunicaban con el Jeque, que para solo esto tenían licencia para mirar y hablar a las mujeres; comunicada, mascaba el Jeque tabaco en su casa para que se lo revelase el Demonio o él lo imaginase, ordenaba a los que querían hacer la ofrenda, los días que habían de ayunar; porque ninguna se hacia que no precediese ayuno, tan preciso de parte de las necesidades y el Jeque, que aunque murieran no lo habían de revelar o quebrantar, con ser estrechísimo y no de pocos días; cuando se iban acabando mandaba el Jeque se hiciese de oro, cobre, hilo o barro la figura que habían de ofrecer, que solía ser de una águila o serpiente, mono o papagayo, o de otras así. Aquella noche que se le daban, iba a la mitad de ella al lugar de la devoción de los que ofrecían, que ya lo sabía el Jeque, y veinte pasos atrás que llegara, se desnudaba y quedaba todo en carnes, mirando primero si sonaba algún ruido, y sin hacer él ninguno, iba con gran reverencia a aquéllos veinte pasos, y llegando al lugar del santuario, levantaba en ambas palmas la figurilla que llevaba envuelta en algodón, decía algunas palabras en qué significaba la necesidad que ofrecía y pedía el remedio para ella, y puesto de rodillas, la arrojaba en las aguas, de manera que se fuese a pique, o metía en alguna cueva, o la envolvía en la tierra, según era el santuario y volviendo dando pasos atrás sin volver de ninguna manera las espaldas, llegaba así hasta donde había dejado el vestido, y poniéndoselo, volvía a su casa en lo intempestivo de la noche, y viniendo luego a la mañana el que ofrecía y sabiendo del Jeque que aquéllo estaba hecho dábale por su trabajo dos mantas y algún oro, y volvía a su casa, y mudándose otro vestido del que se había puesto para el ayuno y lavándose, convidaba a sus parientes y hacía con ellos gran borrachera, que era en lo que venían a parar todas sus fiestas. Al modo como hacían reverencia a sus santuarios en esta ocasión, la hacían en todas las que entraban en los templos, pues iban desde la puerta de ellos con pasos cortos, ojos bajos, haciendo muchas y grandes humillaciones, lo que también guardaban hasta salir fuera de la puerta" (1). Los va-

(1) SIMON, Vol. II, pág. 293.

sos de ofrendas de los templos estaban soterrados al pie de las paredes y consistían en lujosas ánforas de arcilla con su tapadera movible, las cuales eran transportadas por los Jeques a sitios ignorados, donde constituían los santuarios dedicados al culto del Diablo, según el parecer de los cronistas. La busca de estos ricos santuarios fue una de las fuentes de lucro de los colonos blancos del país conquistado, preocupación que transmitieron por herencia a sus descendientes y que ha dado por resultado la destrucción de casi todos los elementos que pudieran servir al estudio de la raza sometida. Grandes cantidades de oro labrado han sido recogidas en esta forma durante cuatro siglos de espulgo del territorio chibcha.

Las ofrendas de fetiches en las lagunas sagradas situadas al oriente de la Sabana, se hacían con mucha solemnidad, presididas por el Cacique, quien se doraba el cuerpo para hacer la ofrenda con gran pompa en el centro de la laguna, rodeado de sus Jeques. El pueblo presenciaba la ceremonia desde las orillas, y las gentes vueltas de espalda entre cánticos y algazara de músicas salvajes, arrojaban abundantes fetiches y joyas de oro a la laguna.

Las figurillas que en tan grande abundancia se han encontrado y se encuentran aún en el país, demuestran que la gran cantidad de oro adquirido por los Chibchas en sus tratos con las tribus vecinas se empleaba exclusivamente en la manufactura de joyas e idolillos para el consumo local. La afición a las joyas y adornos de oro, así como la necesidad piadosa de las ofrendas, formaban como la clave del comercio chibcha, con la cual se cerraba el equilibrio entre la industria interior con la oferta exterior. El saldo de oro daba la medida de la superioridad industrial de este pueblo. No será, pues, fuera de propósito, procurar en un capítulo especial de este libro, dar una idea, siquiera aproximada, de la cantidad de oro que encontraron aquí los conquistadores. Por ahora conviene complementar el estado de civilización con la noción artística, cosa difícil por haber desaparecido de siglos atrás lo mejor de la obra indígena y por no disponer el estudio actual ni siquiera de una colección completa de objetos de oro. Lo que se diga como resultado de la observación de insignificantes obras, dispersas aquí y allí en poder de personas curiosas, necesariamente es apenas un vago trasunto de la capacidad artística del pueblo chibcha en orden al laboreo difícil y primoroso de la más noble y bella de las materias plásticas.

Para acomodar la nomenclatura, conviene tener en cuenta que los indios llamaban *chunzos* a las figurillas o fetiches de oro, lo que los españoles tradujeron en la palabra "ídolo", con más o menos fundamento lo cual no abarcaba sin embargo, el conjunto de innumerables objetos que la palabra muisca comprendía. Fue necesario dejar subsistente ésta en el lenguaje del buscador de tesoros; pero sufrió una adulteración y se llamó *tunjo* a todo lo que valiera como trabajo esmerado de orfebrería, así representase un hombre, un animal, un símbolo, un santillo o un objeto de aplicación incomprensible. Así, cuando en el presente libro se dice *tunjo,* se quiere decir todo esto.

Los Chibchas no disponían en su suelo, de conformación cuaternaria, de aluviones auríferos procedentes del lavado de las rocas primitivas que sufrieron inyecciones de oro; como no tenían tampoco en su agricultura el algodón, por causa de la temperatura fría de la altiplanicie, y sin embargo, la platería y los tejidos formaban su fuerte industrial. Ambas industrias eran, pues, de procedencia forastera, lo que demuestra, una vez más, que los Chibchas trajeron de otras regiones su cultura y sus artes.

Se admiraban tanto los españoles del primor de la manufactura indígena, que llegaron a pensar en su ignorancia, que los Chibchas amasaban el oro por medio de una yerba que le transmitía al metal la plasticidad de la cera. La absurda hipótesis se hizo popular y ha llegado hasta nuestros días, sustentada por la impresión dactilográfica en la superficie de muchas obras. Para desvirtuar tan maravilloso artificio en el concepto del mayor número, no ha sido bastante la explicación dada por el doctor Liborio Zerda en su bello libro *El Dorado*, de que la impresión negativa de los dedos en los moldes de arcilla que sirvieron para vaciar las obras, originó la impresión positiva en la superficie de ellas, y todavía hay sinnúmero de personas que creen en la existencia de la yerba prodigiosa.

En cambio de aquel auxiliar de una alquimia portentosa, es preciso tener en cuenta, para apreciar la maestría de los artífices, que los indios necesitaron de varios implementos industriales, de difícil consecución y manejo, y de grande habilidad para llegar a la perfección técnica de sus trabajos; hileras para estirar de modo uniforme el alambre de oro finísimo que empleaban en las filigranas; laminadoras de presión para hacer las ojuelas y cintas, tan delgadas como un papel, de que hacían uso para los repujados; hornillas de alta temperatura y crisoles refractarios para las fundiciones; esto es sin contar los mil instrumentos de manejar, bruñir, fresar, recortar, perforar, etc., que no fueran los meros dedos del hombre. Al examinar detenidamente una de estas pequeñas manufacturas de oro que se llaman *tunjos* y procurar concebir los trabajos delicados que implicaba su ejecución, se tropieza con dificultades que no es posible vencer sino mediante un instrumental adecuado. Para el repujado, por ejemplo, de una delicada figurilla en relieve sobre una delgadísima lámina de oro, se requiere haber tallado previamente sobre un yunque de materia muy tenaz la figura que se pretende moldear, y a martillar luego sobre él con interposición de una substancia muelle que sirva de acolchonado, a fin de obligar a la lámina a penetrar sin quebrarse ni rasgarse en todos los dintornos, intersticios y sinuosidades del modelo. Para hacer un encaje en filigrana, demos por caso, aparte de la figuración artística del buen gusto, se necesita dulcificar el hilo de oro que ha salido retemplado y agrio de la hilera, a fin de someterlo a mil circunvoluciones minuciosas, las cuales puestas en contacto, es preciso unir por medio de una soldadura de mera exudación, a una temperatura tan esmerada que no alcancen las espirales a fundirse ni deformarse. La simple fundición de objetos pequeñísimos en moldes de miniatura implica una técnica de alta maestría, para el modelaje previo sobre arenilla refractaria, que no es posible concebir sin instrumentos delicados y sin una admirable habilidad. ¿Cómo se concibe la ejecución, por ejemplo, de cuentecillas huecas, de medio milímetro de diámetro perfectamente esféricas y pulimentadas, para ensartar como un rosario en un alambre capilar? Se encuentran algunos tunjillos huecos, que sirven hoy de rompecabezas a los actuales joyeros, por el misterio que implica su ejecución. Con referencia al inteligente artífice bogotano, señor Inocencio Madero, sabe el autor de este libro que uno de estos dijes fue examinado en Europa por un sabio arqueólogo alemán, quien declaró que aquella interesantísima obra de arte debía de ser de procedencia egipcia, de imposible ejecución en los tiempos actuales, y que correspondía a una época muy anterior a la éra cristiana (1).

Para quienes no somos peritos ni tenemos elementos de criterio a fin de apreciar las excelencias de la orfebrería chibcha, parecen los tunjos de oro que a diario se encuentran en las excavaciones superficiales de la altiplanicie, como obras de un gusto detestable y de una

_____

(1) Otra figura semejante adquirió recientemente el señor Marcelino Vargas.

estética verdaderamente salvaje. Ese aspecto repugnante de los idolillos de oro es, sin embargo, de grande aprecio para los coleccionistas; porque sugiere las fantasías abigarradas de una mitología diabólica, que acaso no pasó por la mente de los artífices del oro.

Asegura el cronista Simón (1) que los Chibchas "nunca usaron de fierro ni lo conocieron, con haber infinito en sus tierras, en especial en la del Cacique Guatavita; y tampoco conocieron el cobre, de que hay harta abundancia en los territorios de Vélez y Colimas". En contradicción con esta noticia, se encuentran en las sepulturas antiguas de indios, tunjo de cobre y de tumbaga (aleación de oro y cobre), lo cual demuestra que sí conocían y utilizaban aquel metal, del que hacían uso para rebajar el oro. Oviedo dice que conoció la yerba de que se servían los indios para dorar el cobre: otra leyenda semejante a la de amasar el oro! Las operaciones de dorar y soldar con oro obedecen a la misma técnica industrial que les dio a los orfebres chibchas la calidad de maestros en el arte, calidad que los conquistadores ignorantes confundieron con la misteriosa alquimia.

Un problema más interesante aun para la conciencia indígena, que el de las yerbas prodigiosas del dorado del cobre, encuentra el etnógrafo al estudiar esta forma menospreciada de la orfebrería chibcha, y es la averiguación de cómo obtenían los indios aquel material, cuya metalurgia implica un orden superior de conocimientos científicos. Indudablemente la presencia del cobre en la manufactura chibcha tiene para el investigador una importancia mucho mayor que la presencia del oro; pues éste no requiere para recogerlo sino el lavado de las arenas de aluvión o cuando más el triturado de los cristales cuarcíferos que lo aprisionan; al paso que aquél impone una extrac-

_____
(1) Vol. II, pág. 309.

ción más compleja e implica un conocimiento mineralógico de un orden experimental. Probablemente una casualidad puso en poder de los indios un método metalúrgico para producir el cobre, valiéndose de una sustancia muy común en el territorio, cual es la *marmaja* (calcosina o sulfuro de cobre). La apariencia metálica de este mineral pudo sugerir a los joyeros la idea de fundirlo, como lo hacían con el oro, y al someterlo a la operación de sus crisoles, debieron de observar que ardía, produciendo vapores irrespirables y un residuo denso y oscuro que al fundirlo nuevamente con carbón les produjo el cobre rojo. Otro tanto han podido aventurar con la malaquita, sustancia verdosa de que fabricaban cuentas, existente en muchas partes "en los términos de Vélez y Colimas", incrustada en filones de cuarzo, al que le comunica un color esmeraldino. Un trozo de malaquita caído por descuido al fogón, ha podido producirles una perla de purísimo cobre amarillo, por la reducción del mineral por el carbón. Sea como fuere, parece que los Chibchas manufacturaban el cobre por los dos procedimientos, según se deduce de la presencia de dicho metal en sus tunjos, ora en su aspecto rojizo, casi negro, procedente de la pirita, ora en su coloración amarilla, procedente de la malaquita, de que están formadas las minas de Moniquirá, de donde lo extraían, según lo asevera el doctor Vicente Restrepo (1). Por estas consideraciones, un idolillo de cobre despierta en el anticuario más aprecio que si fuera de oro; pues a la manufactura del orífice añade aquella joya la labor del metalurgista, ya del orden científico.

La industria de la platería estaba radicada principalmente en la intercordillera, al oriente de la Sabana de Bogotá, según se deduce de los muchos encuentros de santuarios hechos

_____

(1) Los Chibchas, pág. 125.

por los españoles en esa región y también por la leyenda conservada de que los súbditos del Guatavita eran los más hábiles joyeros, condición de que carecían los del Zipa; lo que motivó el canje pérfido que poco a poco éste le hizo a aquél de dos mil gandules por mil orfebres, con el disimulado intento de promoverle una sublevación (1). Esta tradición demuestra el contraste de índole entre estas dos monarquías, procedentes de migraciones diversas, en armonía con las tesis estudiadas por otros caminos en el presente libro.

(1) SIMON, Vol. II, pág. 325.

CAPITULO V

LABOREO DE LA PIEDRA

El empleo del cobre como auxiliar industrial de mayor eficacia que el oro, encaminaba a los Chibchas a un estado más próspero de civilización con el reemplazo de los cinceles, hachas y demás utensilios de piedra por herramientas de bronce. Descubierta o aprendida por cualquier otro medio la metalurgia del cobre, estaba el camino abierto para llegar a la fabricación de herramientas de bronce, mediante el tratamiento de un mineral de estaño, abundante en el país, también de brillo metálico que, a su turno, pudo provocar las tentativas experimentales de los fundidores (1).

Tres obras de cantería aparecen en el país de los Chibchas para demostrar que estos indios ya comenzaban en el orden lógico de sus habilidades industriales, a usar herramientas metálicas. Estas tres obras de idéntico carácter y únicas en esta iniciativa, son los cojines de Tunja, las columnas de Ramiriquí y las ruinas de El Infiernito, cerca de Leiva. En todas ellas la perfección de la labor despierta la sospecha de que fueron ejecutadas por operarios superiores al nivel industrial de los Chibchas y con instrumentos adecuados. Las columnas labradas de El Infiernito ya desaparecieron, utilizadas por los españoles y sus descendientes en

---

(1) Bien sabido es que el bronce es una aleación de cobre y estaño.

edificios de los contornos; pero de ellas quedan fieles descripciones hechas por el sabio geógrafo don Joaquín Acosta y por el concienzudo naturalista don Fortunato Pereira Gamba. Las opiniones de estos inteligentes viajeros aparecen publicadas en la *Peregrinación de Alpha* del doctor Manuel Ancízar (página 312) y en el libro de *Los Chibchas* del doctor Vicente Restrepo (página 131), respectivamente. El primero contó hacia el año de 1847 ciento de estas columnas esparcidas en el amplio valle de Leiva, aparte de las que hasta entonces habían sido utilizadas en edificios públicos, y a vuelta de describir el principio del templo o palacio para que estaban destinadas, dice lo siguiente: "Recia debió ser la tarea del transporte, pues cada trozo pesa muchos quintales, y no había otros medios de acarreo que la fuerza de los brazos, con la lentitud y consumo de tiempo que son de considerarse, a lo cual se agregaba la tarea de labrar los fustes cilíndricos, guiados sin duda por un anillo de madera para obtener la uniforme redondez de la superficie tallada a pico; trabajo ciertamente ingenioso que vacilamos en atribuír a los Chibchas si otros restos incontestables de sus artes no nos demostraran que ellos eran muy capaces de ejecutar este género de obras". El segundo se refiere a observaciones hechas en 1894, y después de deplorar que el indio dueño del terreno donde estaban las columnas hubiese arrancado los últimos zócalos para venderlos a una persona que los estaba utilizando para la construcción de su casa, hace una minuciosa descripción, con figuras ilustrativas, de las diferentes piezas, y al tratar de las columnas, dice: "Quedan algunas ya terminadas; su diámetro es un poco mayor en el centro que en las extremidades, como lo muestra la figura 4, y están muy bien redondeadas". El naturalista fue, pues, más preciso que el geógrafo en esta observación, y al denunciar el bombeo de los fustes, echa por tierra la hipótesis del empleo de los anillos de madera como guías en la labor de los canteros. Sea el caso de hacer anotar que las primeras columnas que hicieron los arquitectos griegos eran rectilíneas, y que sólo llegaron al bombeo central por una lenta evolución científica, cuando la mecánica les demostró que la igual resistencia de los materiales impone una forma de columnas semejantes al tronco de las ceibas. El señor Pereira Gamba demuestra, además, en su conciso informe que en la época de la construcción fue muy poco anterior a la entrada de los españoles (1), "pues las piedras ya labradas se habrían deteriorado mucho en un lapso más considerable que el que ha transcurrido desde la Conquista; además, se habrían hallado más o menos enterradas en el suelo bastante movedizo del lugar que ocupan". De modo que no queda duda de que los ingenieros de esa construcción poseían conocimientos superiores de arquitectura y no es de sorprender el que usaran métodos científicos en el corte y modelado de las piedras, así como el empleo de herramientas metálicas. Conste, en mérito de una sincera investigación, que no se han hallado todavía en el país cinceles de bronce.

Tuvo el autor la fortuna de encontrar todavía subsistentes las columnas de Ramiriquí, para poder examinarlas detenidamente, en una excursión hecha a comienzos del año de 1921. Hay dos completas, aunque una de ellas quebrada por la mitad, de cinco metros setenta centímetros de largo, con un diámetro de sesenta centímetros en toda la extensión, de modo que no tiene bombeo central, y son perfecta y matemáticamente cilíndricas; en los extremos tienen sendas muescas al contorno, talladas a escuadra y con una doble caja en el sentido del eje, como para amordazarlas o ensamblarlas en otras piezas. Hay, además, una de las cabezas cortada por la muesca, y otra en la cual hay tallada a escuadra, con el mayor esmero,

(1) VICENTE RESTREPO, Los Chibchas, pág. 133.

una espiga cuadrangular, de treinta y cinco centímetros de largo, por cincuenta de ancho y cuarenta de grueso. La superficie cilíndrica es uniforme y parece haber sido alisada con abuzarda o cincel, como la de cualquier columna de un templo moderno. La impresión que nos produjeron esas obras fue la de que habían sido ejecutadas por canteros hábiles en el corte de piedras, con trazos o compás, regla y escuadra y talladas con afilados instrumentos de acero. Por otra parte nos llamó la atención el hecho de que los agentes atmosféricos que corroen y deforman los bloques de piedra a través de los siglos, no hayan hecho mella en éstos, lo que demuestra que son relativamente modernos.

La figura de la espiga de uno de los bloques, tallada como para que éntre en una caja correspondiente, da la idea de que aquellas obras hacen parte de una máquina rústica cuya aplicación es un arcano. Por de pronto imaginamos que fueron obra de algún español en los primeros días de la Conquista, con un propósito más o menos impracticable, que fracasó. Pero estudiadas las tradiciones indígenas de esos vestigios y relacionándolas con las del Infiernito, sobre las cuales no hay la menor duda, se llega al convencimiento de que fueron también obra de los Chibchas. En efecto, no puede artibuírse al esfuerzo español la construcción de las ciento y tantas columnas del Infiernito, las que caen bajo la misma procedencia de las de Ramiriquí en la leyenda que sobre ellas recogió el Padre Simón (1), la cual dice que Garanchacha construyó en Tunja un templo al Sol, y "quiso sublimar la fábrica de este templo en la honra de su padre, y poniéndolo en efecto, mandó que le trajesen de diversas partes gruesos y valientes mármoles. Llegaron al sitio con tres de ellos, como hoy se

---

(1) Vol. II, pág. 323.

ven; aunque dicen nunca vieron la cara a los que los traían, por llegar con ellos de noche, de donde coligen eran también demonios los oficiales. Otros dos se ven en el camino de Ramiriquí y otros dos en Moniquirá, que no llegaron al sitio, como ni la fábrica a ponerse en ejecución; porque cuando ya estaba en estado de eso, era en tiempo de que los españoles estaban poblados en Santa Marta...".

Apartando de esta noticia el anacronismo relativo a Garanchacha y la parte fantástica de la intervención del Demonio, queda con ella comprobado que la talla de las piedras de Ramiriquí, sometida a las más exigentes reglas de cantería, fue obra de los Chibchas en un tiempo poco anterior a la Conquista.

Para poner de relieve el mérito de estas obras es preciso tener en cuenta que el arte de la cantería no viene de improviso y que requiere ciertos conocimientos técnicos que no les son dados a cualquier albañil. Es digno de saberse, en efecto, que para construír la catedral de Pamplona en tiempos no lejanos, y para el edificio de la Gobernación de Pasto en la actualidad, hubo necesidad de llevar canteros de Bogotá. Aleccionados los operarios locales, pudieron llevar a término las dos fábricas. Para solucionar asimismo el problema de las columnas correctamente labradas del Infiernito y Ramiriquí, se impone la hipótesis muy probable de que el Zaque de Tunja había hecho venir de México o el Perú arquitectos y canteros para enseñar en sus dominios el arte de construír en piedra. De modo que los Chibchas, en el momento de la Conquista, estaban entrando en un nuevo período de civilización, para lo cual estaban suficientemente preparados.

Los "cojines" de Tunja constituyen otra obra de cantería digna de llamar la atención como un exponente de la civilización de los Chibchas, por el empleo de herramienta metálica. Para explicar aquel nombre, dice el doctor

Manuel Ancízar lo siguiente: "Dan el de *cojines* a unos círculos tallados en relieve sobre la viva laja desnuda de tierra en la colina del Occidente. Son dos, juntos, de ocho centímetros de diámetro y cuatro de altura, perfectamente trazados y labrados al parecer con instrumento metálico. La superficie está dividida por un diámetro tirado de norte a sur, y la mitad occidental cortada en plano inclinado del centro hacia afuera, como si hubieran querido facilitar el arrodillarse allí mirando al oriente" (1).

Presumía el señor Manuel A. Vélez, diligente investigador de las antigüedades chibchas, a quien se refiere el doctor Ancízar, que aquello es el resto de un antiguo adoratorio, lo que corroboró la Comisión Corográfica presidida por el Coronel Codazzi, comprobando que una persona arrodillada en los cojines queda mirando hacia Sogamoso. Lo que sí es evidente, es que esta obra se ejecutó con instrumento metálico, desvastando una capa de arenisca ferruginosa, demasiado dura, de cuarenta centímetros de espesor, para que los redondeles quedaran con este peralto. Y lo que causa mayor maravilla es ver que la superficie de la gran piedra en que están tallados aparece perfectamente lisa, como si cincel alguno hubiese pasado sobre ella; tal parece que los torteros hubiesen sido colocados sobre una superficie virgen; así era el pulimento que los Chibchas podían dejar sobre las piedras que labraban con sus agudos cinceles.

El señor doctor Ramón Guerra Azuola, atraído por la fama de un monumento que se decía labrado por los indios, situado en el municipio de Pacho, efectuó una excursión al sitio que ocupa y lo describió y explicó por medio de un dibujo producto de su ingenio, en el Volumen I, página 120 del *Papel Periódico Ilustrado,* de

---

(1) Peregrinación de Alpha.

donde lo tomó el señor don Vicente Restrepo para su célebre libro sobre los Chibchas. De allí ha trascendido a las obras científicas y es hoy de notoriedad mundial que los Chibchas ocuparon la región de Pacho y que allí dejaron un obelisco tallado a cincel.

Nos atrajo hacia dicho monumento el deseo de comprobar, por alguna inscripción que necesariamente debieron de dejar en él sus autores, que aquel territorio no fue ocupado por los Chibchas sino por los Colimas, de la familia de los Caribes, quienes grababan sus jeroglíficos con cincel, a diferencia de los Chibchas que sólo pintaban con tinta roja los dibujos de los petroglifos. Al efecto verificamos una excursión, en asocio del profesor don Martín García y del fotógrafo don José Metodio Suárez, con el objeto de buscar las inscripciones que eran de sospecharse.

La "Torre de Indios", que así se llama en los contornos la curiosidad en referencia, está situada no lejos del camino que conduce de Pacho a Tausa, a 12 kilómetros al nordeste de aquella población, sobre un contrafuerte de la cordillera que separa la hoya del Rionegro de la altiplanicie, a 2.960 metros sobre el nivel del mar. Esta situación en la entrada de un boquerón de acceso al país de los Chibchas nos hacía sospechar que fuese aquella obra un mojón de linderos entre los Colimas y sus vecinos, los indios muiscas de Tausa.

Al llegar al pie del peñón se columbra desde abajo la llamada "Torre de Indios", y comienza para el excursionista la desilusión de la leyenda del señor Guerra Azuola, quien vio en aquella una figura totalmente en desacuerdo con la realidad, según aparece del dibujo publicado en el *Papel Periódico*.

Después de ascender trabajosamente por un escarpado casi inaccesible, se llega al pie de la *torre* y se ve claramente que ella no es obra humana, sino simplemente una aglomeración casual de cantos en forma de columna, resultado de un desprendimiento de la cordillera que le queda al respaldo.

No hay, por consiguiente, ninguna inscripción que pueda inducir a pensar que aquello fuera mitológico, ni mojón de frontera, ni nada que tenga relación con la política de la prehistoria indígena. Con esta comprobación se desvanecen todas las fantasías a que había dado lugar la falsa apreciación de un fenómeno natural, hecha por el señor doctor Guerra Azuola.

Adrede hemos querido poner de manifiesto en obras de gran magnitud la intervención de los cinceles metálicos que debieron usar los Chibchas en la labor de la piedra y hemos recogido la opinión de hombres de ciencia, de perspicaz criterio, con el objeto de que no haya motivo de sorpresa al hacer notar que estos indios venían haciendo uso de esta misma clase de instrumentos en multitud de otras labores, aunque de pequeñas dimensiones en piedra durísima, como el guijarro negro. Las matrices para el repujado de adornos, idolillos y demás primores sobre lámina de oro, que sorprenden por la precisión, esmero y detalles de las figuras esculpidas en ellas, eran ejecutadas sobre piedras de una tenacidad formidable y requerían sin duda buriles metálicos. Las piedras tan abundantes en los museos, talladas en prismas y con relieves curiosísimos en cada uno de sus costados, que las hicieron confundir en el concepto sagaz del señor Duquesne con el almanaque, exigieron un cincelado con instrumento metálico de gran temple, y en ellas es admirable el pulimento de las superficies libres. El vaciado de los morteros de ágatas opacas y la construcción del útil para la pulverización que en ellos hacían del oro, demuestran el empleo de herramientas de una dureza y tenacidad proporcionales. ¿Y qué se ha de decir de los finísimos taladros con que se perforaban las esmeraldas?

Esta preparación industrial de los Chibchas en la talla de piedras, aunque en miniatura, permitió el implantamiento repentino del arte de construir por una simple aplicación en el tamaño de la aplicación de sus habilidades. Lo que sí causa sorpresa es que esta sencilla extensión industrial no hubiese principiado a imponerla, de tiempo atrás; así lo exigían el imperio de las necesidades y la petulancia soberbia del culto religioso, para el que hasta entonces "teníanle al Sol hechos sus templos no suntuosos, sino unos acomodados bohíos como en los que ellos (los Chibchas) moraban...". Aunque el templo máximo de Sogamoso era de madera de guayacán, caña, paja y estera, su tamaño y magnificencia eran tan grandes que el cronista Simón califica de verdad "infalible" el hecho de que el incendio de él hubiera durado un año entero y agrega haber venido a sus manos memoriales que afirman haber durado cinco años, no obstante los largos y copiosos aguaceros que se ven en el país (1).

La presencia de las labores arquitectónicas, fue, pues, reciente y repentina y sorprendió al vulgo, quien la explicaba en sus recuerdos tradicionales mediante la intervención del Demonio, pues nunca se vio la cara de los conductores de las columnas que alcanzaron a Tunja, por llegar de noche (2). Pero esa manifestación de un alto estado de progreso no fue inusitada y hubiera continuado en su fecunda evolución, sin la presencia brusca de una fuerza extraña que cortó de tajo la civilización del pueblo chibcha.

---

(1) Vol. II, pág. 197.
(2) SIMON, Vol. II, pág. 323.

CAPITULO VI

TESOROS Y SANTUARIOS

La actividad y eficacia de las industrias locales tenían en las exóticas y en el comercio del oro, su balance o equilibrio económico. Así, como pueblo industrioso, el chibcha era rico en joyas de uso personal, sus magnates desplegaban un lujo soberbio en adornos de oro y esmeraldas y los Soberanos acumulaban inmensos tesoros por causa de tributos. En las muchas fiestas de orden privado y en las innumerables de orden oficial que su bienestar económico les permitía celebrar en el ansia de placeres que la riqueza fomenta, los Chibchas se presentaban engalanados con guirnaldas, zarcillos, gargantillas y brazaletes de resplandeciente oro fino y rutilantes esmeraldas. En las guerras, carreras de honor, y juegos atléticos, los campeones aparecían en la liza cubiertos con cascos, pecheras y cinturones primorosamente repujados con figuras simbólicas y esmaltados de ricas gemas. Los mantos reales y las coronas y cetros de los príncipes exhibían un juego deslumbrador de filigranas y pedrería. Los sitiales de los soberanos estaban enchapados de oro, así como las andas o literas en que se hacían conducir. En Tunja, Duitama y Sogamoso había en las puertas de las casas unas colgaderas de oro que sonaban al abrir y cerrar. A los muertos acaudalados se les encerraba ataviados con una parte de sus prendas de adorno y uso personal, lo que constituía un rico tesoro fúnebre, y se les ponía en las ventanillas de la naríz, en las cuencas de las orejas, en la boca y sobre el ombligo magníficas esmeraldas. A los cadáveres de Zaques y Zipas, además, se les embalsamaba al estilo egipcio, se les envolvía en una cinta de oro, se les colocaba en una caja mortuoria tallada en un bloque de madera fina y se les encerraba en sepulturas profundas en sitios ignorados que solo el sacerdocio conocía. A los mismos humildes indiecillos, hijos de la gleba, se les ponía en la tumba su hachuela de trabajo, su huso y telar, la terracota representativa o por lo menos una rústica olla con las cuentecillas de piedra que constituían su atavío, amén de sus fetiches y tal cual morralón de esmeralda. Así muchas riquezas volvían al seno de la tierra.

También volvían al seno de la madre común en forma de ofrendas, la mayor parte de los tunjos que fabricaban los joyeros, los cuales se colocaban en urnas propiciatorias en los templos para enterrarlas después de colmadas, en lugares recónditos o se arrojaban al fondo de las lagunas sagradas. Eran muchas las lagunas y pocetas que restaban del desagüe en las planicies y son numerosas las cuencas del suelo en la cordillera que apresan las lluvias, en casi todas las cuales se han encontrado dijecillos de ofrenda, en señal de que todo depósito natural de agua era sagrado para los Chibchas y constituía un altar de propiciaciones a la diosa Sie. Estos actos de piedad repetidos a través de largos siglos, por generaciones sucesivas, determinaron verdaderas minas de oro en cada una de aquellas lagunas, las cuales han venido a ser objeto de empresas de explotación aurífera. Las dificultades para el desagüe han defendido en algunos casos esos tesoros hasta nuestros días; pero en otras el éxito ha venido a coronar el empeño de los empresarios, después de una serie de tentativas desafortunadas.

La célebre laguna de Guatavita, donde tenía lugar la famosa ceremonia de *El Dorado,* después de haber causado la ruina de una larga serie de empresarios encabezados por el Capitán Lázaro Fonte y el comerciante Antonio Sepúlveda, en los primeros días de la Colonia, a fuerza de perforaciones ha venido a reducirse a una cuenca seca, llena de milenarios sedimentos que constituyen un banco aurífero en explotación actualmente, por una compañía inglesa.

La de Siecha, no menos célebre, situada sobre la cordillera al suroeste del pueblo de Guasca, dio origen a multitud de olvidadas empresas de desagüe desde los comienzos de la Colonia, entre las que figura la de un tal Matos, quien por haberse arruinado en eso la bautizó con su nombre. En 1870 costó la vida de los empresarios señores Enrique Urdaneta y Jorge Crowther, asfixiados en un socavón que se practicó hasta el vértice de la cuenca. Se calculaba que al estallido del depósito de pólvora que se había colocado en el extremo del socavón rompería el delgado tabique y que las aguas se precipitarían por allí; pero transcurrió el tiempo suficiente para que ardiera la mecha y no aparecieron burbujas en la superficie de la laguna ni se oyó el estallido, lo que hizo pensar a los empresarios que la mecha se había apagado, e impacientes, penetraron en el socavón y no volvieron a salir, envenenados por los gases de la combustión. El efecto, sin embargo, se produjo en parte y por mucho tiempo estuvo escurriendo lodo espeso por la perforación, en el cual solían lavar los campesinos dijecillos de oro; pero la empresa formal fracasó con aquel deplorable siniestro. Hoy no queda de aquella pequeña laguna sagrada sino la cuenca seca colmada en el fondo de un barro endurecido y de muy difícil lavado, justamente por falta de agua, a causa de estar situada en una eminencia sin vertientes.

El extenso lago de Fúquene, residuo del que cubría el valle de Ubaté, era en concepto de los Chibchas el lecho del dios Fu o Fo, según lo indica la etimología de su nombre, y en el centro de él hay una isla llamada hoy de "El Santuario", donde se le rendía culto a esta divinidad sombría. Al amparo de esta divinidad agresiva se refugiaron los indios en los comienzos de la Colonia, huyendo de las crueldades de sus dominadores, a una isla que actualmente ha quedado en seco y que forma un otero, en el cual existe un cementerio de la raza proscrita cubierto de sepulturas que el buscador de tesoros ha violado a caza de esmeraldas (1).

Este lago ha sido objeto de constantes proyectos de desagüe, aunque no con el intento de extraerle las riquezas de oro que debe de contener, sino con el propósito de utilizar los terrenos y evitar las inundaciones periódicas de la planicie de Ubaté. Las orillas que van quedando enjutas, al ararlas, han ofrecido numerosos encuentros de alhajuelas de oro, especialmente por el costado de Guachetá, hasta donde se extendía este poblado, según se comprende por los cementerios prehistóricos que por allí abundan.

La laguna de Iguaque, llamada actualmente de San Pedro, situada al noreste de la ciudad de Leiva, fue también motivo de codicia en los comienzos de la Colonia, a causa de que en ella arrojaron los indios del extinguido pueblo de Iguaque una estatua de oro macizo, como de veinte arrobas de peso, que representaba el primer hombre a la edad de tres años, salido de aquella laguna con la madre Bachué, según la leyenda. El Padre Francisco Medina, doctrinero de estos indios, descubrió que sus catecúmenos se disipaban en prácticas idolátricas en un templo subterráneo que habían

---

(1) Peregrinación de Alpha.

cavado bajo el pueblo, y una noche asaltó el adoratorio en compañía de otros españoles para apoderarse de los ídolos; pero fracasó en su empeño, porque los indios no se dejaron sorprender y le infligieron un severo castigo por su sacrílega tentativa (1).

Fue la laguna de Teusacá lugar de ofrendas, según lo afirma Rodríguez Freile en la página 19 de su libro, y agrega con donosura: "El cuarto altar y puesto de devoción era la laguna de Teusacá, que también tiene gran tesoro, según fama, porque se decía tenía dos caimanes de oro, sin otras joyas y santillos, y hubo muchos golosos que le dieron tiento; pero es hondable y de muchas peñas. Yo confieso mi pecado, que entré en esta letanía con codicia de pescar uno de los caimanes, y sucedióme que habiendo galanteado muy bien a un Jeque, que lo había sido de esta laguna o santuario, me llevó a él, y así como descubrimos la laguna, que vio el agua de ella, cayó de bruces en el suelo y nunca lo pude alzar de él, ni que me hablase más palabras. Allí lo dejé, y me volví sin nada, con pérdida de lo gastado, que nunca más lo ví".

La presunción muy probable de que al arcano eterno del lago de Tota, situado al sureste de Sogamoso, fueron confiados por el celoso sacerdocio del templo máximo del Sol las reliquias sagradas, para defenderlas de los ultrajes de la Conquista, hizo pensar en 1880 a un atrevido empresario en el desagüe de esta hermosísima laguna, y al autor de este libro le tocó en gracia hacer los estudios técnicos necesarios. Entonces comprobó que subsistía aún entre los indígenas del vecindario de Cuítiva la tradición de un monstruo negro con cabeza de toro que dizque vive en las aguas de esa laguna encantada, del cual habla Piedrahí-

---

(1) SIMON, Vol. II, pág. 281.

ta en su Historia. Algunas alhajas se han encontrado en la llanura lacustre de Puebloviejo, como rezago de las ofrendas que los habitantes del extinguido pueblo de Guáquira, situado a orillas del lago, hacían en sus aguas sagradas.

En el picacho que domina la laguna de Ubaque había ocultado sus tesoros el Cacique de la región, según leyenda recogida de tiempos remotos por el cronista (1). Deseoso el hermano del Zipa, Gobernador de Guatavita, de apoderarse de ellos, sorprendió una noche a los guardianes, matando a muchos de ellos, y ocupó en asalto la empinada cumbre. Avisado el Ubaque, ocurrió solícito y embravecido a recuperar la codiciada presa y hubo una lucha trágica en la cúspide de aquella roca piramidal, de la que resultó que el inmenso tesoro fue arrojado al agua. Esta leyenda indujo a un español de apellido Carriega a intentar el desagüe en los primeros días de la Colonia y este intento le costó la vida al codicioso por lo que por entonces se bautizó la laguna con su nombre (2).

Las mencionadas lagunas fueron los más respetados altares de ofrenda, como los llama Rodríguez Freile; pero se puede asegurar que todos los depósitos de agua, por pequeños que fueran, constituían para los Chibchas otros tantos santuarios de adoración de la diosa Agua. Dondequiera que hay en las cordilleras pequeñas cuencas colmadas de sedimentos, allí se encuentran dijecillos de oro de las ofrendas tributadas. Entre estos pequeños depósitos es digno de mención por lo fantástico de su tradición uno situado en la serranía que separa el valle de Tabio del de Subachoque, llamado la *Lagunita misteriosa,* por la circunstancia de que en invierno estaba seca y en verano se colmaba de agua. En esta pequeña cuenca, de

------

(1) SIMON, Vol. II, pág. 327.
(2) RODRIGUEZ FREILE, El Carnero, pág. 19.

unos cincuenta metros de diámetro, encuentran tunjos los *guaqueros* que practican perforaciones en el sedimento que la colma actualmente.

El famoso "Pozo de Donato", en Tunja, es uno de tantos depósitos cenagosos donde la tradición atribuye la ocultación de cuantiosos tesoros indígenas. El nombre de este pozo se debe, como es notorio, al primer empresario que pretendió desaguarlo para apoderarse del tesoro del Zaque, arrojado allí según se cree, la noche trágica de la ocupación de Tunja por Quesada. No obstante el haber divagado por mucho tiempo los expedicionarios españoles en busca de esmeraldas, de las que hicieron un grande acopio por los lados de Somondoco, no le fue posible al Zaque de Tunja poner a salvo durante este plazo todas sus riquezas, y cuando los invasores creyeron tomarlo de sorpresa encontraron, como señal del traslado de la mayor parte, una petaquilla caída al respaldo del cercado que contenía "hasta ocho mil pesos de finísimo oro en diferentes joyas, tras de la cual dieron luego con un ataúd del mismo oro fino, hecho a modo de linterna o farolillo, el cual tenía dentro unos huesos de hombre que debían ser de algún Cacique antiguo, que pesó seis mil pesos, sin otros que valdrían las esmeraldas que tenía dentro; junto con los huesos hallaron muchas chagualas o patenas, águilas y otras joyas del mismo oro fino, y colgadas a las puertas de los aposentos de las reales casas, colgaderas que sonasen unas contra otras al abrir y cerrar de las puertas; tampoco se les escondieron mucha cantidad de caracoles marinos, muy grandes y guarnecidos del mismo oro" (1). Con todos los objetos de oro que iban encontrando los soldados en el saqueo mandó el general Quesada que se hiciese un montón para el reparto, ante el cual aquellos

---

(1) SIMON, Vol. II, pág. 191.

exclamaron gozosos: "¡Pirú, Pirú, Pirú! señor Licenciado. ¡Voto a tal ¡que también hemos hallado por acá otro Cajamarca!" Ya en el templo de Baganique en Ramiriquí, habían encontrado los soldados del Capitán Fernán Venegas tan copioso tesoro según dice el cronista, que de él sacaron, además de finas esmeraldas, algo como "seis mil pesos en joyas, razonablemente labradas y algunos animales de buen oro fino, como serpientes, águilas y otros que tenían ofrecidos los indios a sus ídolos" (1).

No fue tan generosa la fortuna de los merodeadores al saquear a Duitama, de paso para Sogamoso; porque el malicioso Cacique de este pueblo, menos perezoso que el Zaque, puso en tiempo a salvo sus tesoros. Sin embargo, encontraron colgaduras o sonajas de oro en las puertas y muchas ricas piezas olvidadas, entre las cuales hubo alguna que pesó más de mil pesos de buen oro (2).

Es de presumirse, según el tiempo perdido por Quesada en las resistencias que le ofreció el Cacique Tundama para impedir la invasión al Valle Sagrado, que los tesoros del templo máximo de Sogamoso y sus numerosos sacerdotes se escondieron, pues cuando lograron entrar a saco en la ciudad, no encontraron en el tabernáculo sino un guardián anciano, de larga barba blanca, y unas momias sacerdotales envueltas en mantas, "adornadas con muchas joyas de oro fino, de diversas hechuras, y muchas sartas de cuentas"; también es de presumirse, como lo dijeron después los profanadores, que el guardián aquel puso fuego al templo, "el cual duró humeando un año entero". Sin embargo, en el resto de la ciudad el saqueo produjo, según cuentas del cronista, más de 600 libras en piezas de oro fino, o como otros quie-

(1) SIMON, Vol. II, pág. 183.
(2) SIMON, Vol. II, pág. 196.

ren, más de 80 mil ducados (1). Estos encuentros dispersos en la ciudad son apenas un indicio de las riquezas del templo ocultadas por los indios, sobre las que jamás pudieron dar después los españoles. Una investigación metódica, de recursos científicos, puede, sin embargo, descubrir el lugar de la ocultación.

Estimulados por este fácil botín, los españoles volaron sobre Bacatá en busca del tesoro del Zipa Tisquesusa, a quien no pudieron aprehender ni siquiera conocieron de vista, merced a la hábil estrategia que desplegó en su defensa. Después de marchas y contramarchas inútiles, corrió la noticia de que en un asalto nocturno había muerto Tisquesusa y dieron los invasores con un sustituto embustero, cuyo nombre, *Za-zipa,* que se traduce "No-Zipa", indica claramente el papel que desempeñó en la estratagema. Sometido al tormento el falso Zipa para que entregara el tesoro, murió obstinado, después de un mes de cruel suplicio, el cual consistió en ponerle herraduras incandescentes en los pies. El tesoro del Zipa quedó ignorado, y en su busca anduvieron los españoles mucho tiempo por cuevas y peñascos. Al elegir el sitio para fundar a Santa Fe en un cercado de recreo del Zipa, encontraron, donde iba a quedar la plaza, un santuario del que sacaron más de veinte mil pesos de buen oro, "según la fama" (2).

Posteriormente, por diligencia del Obispo Fray Juan de los Barrios, de una de las sepulturas que hallaron en los cerrillos de Cáqueza, se sacaron más de veinticuatro mil pesos de buen oro (3).

Durante las luchas de la Conquista, el gran señor de Guatavita permaneció cobardemente agazapado y olvidado en el valle de Gachetá, sin prestarle auxilio a su rival de Bacatá. Sa-

---

(1) SIMON, Vol. II, pág. 198.
(2) RODRIGUE FREILE, El Carnero, pág. 23.
(3) SIMON, Vol. II, pág. 311.

bedor de que los españoles habían sacado el tesoro del Zipa que tenía en Teusaquillo y que eran tan amigos del oro que andaban por los pueblos buscándolo y lo sacaban de donde estuviera, "llamó a su Contador, que era el Cacique de Pauso, y diole cien indios cargados de oro, con orden de que los llevase a las últimas cordilleras de los Chios que dan vista a los Llanos, y que entre aquellos peñascos y montañas lo escondiesen y que, hecho esto, se viniesen con toda la gente al cerro de la Guadua y que no pasase de allí hasta que él le diese orden". "Volvióse (Pauso) con toda la gente al cerro de la Guadua, guardando el orden de su señor, a donde halló al Tesorero Sueva, Cacique del Zaque, con quinientos indios armados, el cual pasó a cuchillo a todos los que habían llevado oro a esconder, y al Contador Pauso con ellos" (1). No previó el Guatavita que este ardid era insuficiente para ocultar su caudal; pues, organizada la Colonia pocos años después, cayó en repartimiento bajo la Encomienda del Capitán de la Conquista don Fernán Venegas, quien le impuso tributos excesivos y arbitrios, como lo hicieron todos los demás Encomenderos con sus correspondientes Caciques subyugados. Para moderar y regularizar la cobranza de estos tributos, quince años después (1551) dispusieron las autoridades coloniales que se aforase la capacidad industrial de cada Cacicazgo, a fin de no matar la gallina de los huevos de oro. Sobre esta base de tasación impuso el Oidor Francisco Briceño al Cacique de Guatavita, como tributo moderado a favor del Encomendero, el suministro anual de doscientas cuarenta mantas; el sostenimiento de seis labranzas, situadas en Gachetá, valle de Guatavita y Santa Fe; el envío de trescientas varas de enmaderar, ciento cincuenta estantillos y quince vigas para edificaciones; la provisión mensual de dos venados y diaria de doce cargas

---

(1) RODRIGUEZ FREILE, El Carnero, Cap. VII.

de leña y diez de yerba para forraje; la asistencia constante de veintiséis indios para servicio personal, amén del impuesto anual de dos mil cuatrocientos pesos de buen oro. Además quedó obligado el Cacique a sostener en su pueblo un clérigo doctrinero, sustentándolo con cuatro hanegas de maíz y diez aves por semana y una cántara de chicha al día, los huevos y el pescado para los días de abstinencia, la leña para quemar y la yerba para las cabalgaduras (1).

En tiempos del primer Arzobispo de Santa Fe, Fray Luis Zapata de Cárdenas, "gran perseguidor de indios y santuarios", sucedió que el clérigo Francisco Lorenzo, Cura de Ubaque, le sacó al Cacique del pueblo un buen tesoro que tenía escondido, según refiere Rodríguez Freile, y el indio, envidioso, le denunció un santuario que guardaba un Jeque viejo. Por lo ingenioso del artificio de que se valió para sustraer el tesoro, nos vemos tentados a reproducir el caso: Provisto de estola y aspergeando el camino con agua bendita, una noche oscura, "entró por la labranza hasta llegar a los ranchos del Jeque; sintió que estaba mascando hayo, porque le oía el ruido del calabacillo de la cal. Sabía el Padre Francisco Lorenzo de muy atrás y del examen de otros Jeques y mohanes, el orden que tenían para hablar con el Demonio. Subióse en un árbol que caía sobre el bohío, y de él llamó al Jeque con el estilo del Diablo, que él sabía. Al primer llamamiento calló el Jeque; al segundo respondió, diciendo que: aquí estoy, señor, ¿qué me mandas? Respondióle el Padre: aquello que me tienes guardado saben los cristianos de ello, y han de venir a sacarlo, y me lo han de quitar; por eso llévalo de ahí. Respondióle el Jeque: ¿a dónde lo llevaré, señor? Y respondióle: a la cueva del pozo que mañana te avisaré a donde lo has de esconder. Respondióle el Jeque: haré, señor, lo que

(1) AGUADO, Recopilación Historial, pág. 277.

mandas. Respondió, pues: sea luego, que ya me voy. Bajóse del árbol y púsose a esperar al Jeque, el cual se metió por la labranza y perdiólo de vista. Púsose el Padre en espía del camino que iba a la cueva, y al cabo de rato, vio al Jeque que venía cargado; dejólo pasar, el cual volvió con presteza de la cueva y en breve espacio volvió con gran carga; hizo otros dos viajes y al quinto se tardó mucho. Volvió el Padre hacia los bohíos del Jeque, vista la tardanza, y hallólo que estaba cantando y dándole al calabacillo de la cal y de las razones que decía en lo que cantaba alcanzó el Padre que no había más que llevar. Partióse luego hacia la cueva, llegó primero a los bohíos a donde había dejado su gente, mandó encender el hacha de cera, y llevándolos consigo, se fue a la cueva, a donde halló cuatro ollas llenas de santillos y tejuelos de oro, pájaros y otras figuras, quistes y tiraderas de oro; todo lo que había era de oro, que aunque el Padre Francisco Lorenzo declaró y manifestó tres mil pesos de oro, fue fama que fueron más de seis mil pesos" (1). Todavía se anda corto Rodríguez Freile en esta duplicación, pues seis pesos de oro en dijes caben en una pequeña vasija y las transporta un niño en un solo viaje.

La noticia de estos tesoros volaba agitada, en alas de la fama y encendía la imaginación de los menesterosos del viejo mundo, y los aventureros en avalanchas asoladoras invadían el Nuevo Reino, en busca de fáciles fortunas; de modo que no quedó sepultura ni santuario probable que no fuese materia de explotación. La busca de entierros o *guacas* indígenas vino a constituir un arte casi adivinatorio, por los recursos admirables de que se valía y por la certidumbre de los indicios para su encuentro. Incalculable fue la cantidad de oro y esmeraldas extraídas en los primeros tiempos de la Colonia de los cementerios prehistóricos y de los in-

---

(1) El Carnero, Cap. V.

numerables sitios de adoratorio que los indios habían consagrado, y sin embargo, el venero de los *tunjos,* aunque empobrecido, no se ha agotado todavía, y la *guaquería* es una verdadera profesión para muchas personas que suelen derivar de ella pingües rendimientos en la actualidad. Con frecuencia se oye decir del encuentro de valiosos tesoros indígenas y a diario aparecen en las vitrinas y en los aparadores de las joyerías nuevos muestrarios de *tunjos,* que los extranjeros se apresuran a adquirir para enriquecer con ellos los museos de Europa y de América.

Agrupando las informaciones sobre la cuantía de los tesoros chibchas es como se puede formar una idea de la magnitud de la industria que motivó su acumulación, mediante el trueque de los productos nativos en el comercio con las tribus productoras de oro. Con esto queda completo, hasta donde es posible, el concepto económico sobre la civilización chibcha.

CAPITULO I

LA METAFORA
Y LOS NOMBRES GEOGRAFICOS

En orden a las migraciones y en relación con los idiomas de las tribus que aparecen en éxodo hacia la altiplanicie, tenemos que hacer notar la traza de una voz persistente desde la costa caribe y desde la llanura oriental hasta el país de los Chibchas, la partícula *gua*, se encuentra, en efecto, en los gentilicios de las siguientes parcialidades indígenas que encontraron los españoles cerca del mar y sobre los ríos Magdalena, Cauca y Atrato:

Achaguas	Guarina	Guacumán
Macaguanes	Omaguas	Enaguas
Guácharos	Basingua	Almacingua
Guajiros	Guaimaro	Guanebucane
Guaringa	Bondigua	Origua
Guaira	Chegua	Cumujagua
Guanoa	Cendagua	Talaigua
Guapate	Guatena	Guatica
Guamaive	Guacuná	Guarama.

Sin penetrar en el corazón del Continente sobre el Amazonas y el Plata y sus afluentes, donde aparece la misma huella, se encuentran en éxodo hacia la cordillera oriental de Colombia las tribus de los Achaguas, Guahibos y Guaipunabis, que llevan en sus gentilicios la partícula denunciadora, navegantes de los ríos Guayuriba, Guacavía, Guavio, Guaviare y otros muchos en que suena la partícula *gua.*

Esta voz, de matrícula indígena, tenía entre los Chibchas dos significados originales, aparte de los muchos que le daban sus derivaciones metafóricas, *pez* y *monte,* y por ambos aspectos denunciaba su procedencia forastera. En su primera acepción declinó de su importancia al encontrarse en la altiplanicie con la mezquindad de los riachuelos y la pobreza de la fauna acuática; no así en su acepción topográfica y forestal, pues ante la cordillera con sus crestas majestuosas y sus contrafuertes cubiertos de bosque y sus cañadas conductoras de linfas mitológicas, germinó en la fantasía popular bajo numerosos conceptos mentales, y así vino a intervenir en la formación de multitud de palabras de la más variada significación. El relieve del terreno indujo a los Chibchas a valerse de la fecunda partícula para señalar sitios notables en los caminos al paso de las eminencias: Cogua, Cargua, Chirgua, Guantiva, Guantoque, Guantó, son otros tantos pasos de un valle a otro. Los pueblos que se desarrollaban en las faldas de las colinas recibían el nombre genérico de *Guaquirá,* por lo que *quirá* significa "poblado". El conjunto de los cerros, montes y valles en extensión indefinida, con sus pueblos y ciudades, o sea el mundo, recibía el nombre de *quicagua.* Lo que los primeros viajeros referían en orden a sus aventuras, tuvo para los pueblos primitivos el prestigio de la odisea, y esta idea la expresaban los Chibchas con la palabra *Quycagua,* la cual traducida literalmente significa "olor a monte". El dios creador recibía el nombre Chiminigagua. La ventana, el agujero de la casa, por donde miraban el paisaje, lo designaban con el nombre de *chigua;* el boquerón de la cordillera por donde asomaba *Chie,* recibió el nombre poético de "ventana de la luna", de que proviene Choachí o Chiguachí, como dicen todavía los indígenas de la región de oriente. La estrella que fija, al asomar por la montaña, la hora de la madrugada campesina, se llama *fagua;* y el águila que vive en la cumbre de la serranía, se llama *tigua.* El lago se llama *Xiegua,* como quien dice "agua entre colinas". El riachuelo que baja murmurante por la cañada, se nombra *guatoc,* de donde provino, adulterado, Guateque, pueblo del Valle de Tenza. La punta de cultivos que colindaba con el cerro populoso de Guasca, se le dio el nombre de Gua-ta-vita, poblaciones ambas de Cundinamarca, que aún subsisten con los mismos nombres. A la punta del cerro, en una vereda de Guayatá (dominio de la señora o cacica) se le conoce actualmente todavía con la denominación de Guavita, nombre que corresponde también con una población que hoy se dice Boavita.

En un sentido figurado llamaban los Chibchas al mozo capaz ya de trabajar en el monte *Guacha,* bien entendido que *cha* significa varón o muchacho; también le decían *guasca.* Al sobrino lo apellidaban *xiebgua,* al yerno *guaca,* al pariente *guaque,* a la patrona *guaia;* al sembrado o dominio de la cacica se distinguía por *Guaiatá; ioque* era el látigo, y al diablo lo llamaban *Guahoioque.* Por último, el árbol de aliso se llamaba *guane* y así también se denominaban las vegas bajas del río Saravita.

Además, existen en la altiplanicie varios pueblos y sitios o veredas que llevan expresivos nombres en lengua chibcha, entre los cuales recordamos los siguientes, con la partícula *gua:*

Guabatá	Docagua	Chimichagua
Guapotá	Duzgua	Giragua
Guateque	Tegua	Mongua
Guantec	Tocogua	Quirgua
Guanatá		
Guatavita	Guanticha	Guaguaní
Guantó	Guanzá	Guanzaque
Guachetá	Gualatamo	Guaita

Ya hemos visto que *quica* es pueblo, patria, de donde sale la palabra *quicasbtascua,* desterrar, y que la letra *r* no figura en el idioma puro; de aquí se desprende que la palabra *quira,* tan frecuente en los nombres de pueblos y ciudades chibchas, debió de pronunciarse primitivamente *quica*. Sin embargo, es de notarse que en esta forma sólo aparezca como componente de un nombre de ciudad ideal: "el cielo", que se decía *Guatquica,* "ciudad de lo alto"; al paso que en todos los demás nombres geográficos suena *quira* o *quirá,* como en *Zetaquira* (ciudad de la culebra), *Zipaquirá* (ciudad del Zipa), *Chyquyquirá* (ciudad del Chyquy o Jeque, como decían los españoles) y Sotaquirá o Sutaquirá (ciudad del Suta). En el municipio de Tota hay una vereda *Furaquirá;* ciudad de la mujer; en Samacá otra *Tibaquirá,* ciudad del capitán; en Socotá, otra *Guaquira,* ciudad de la Sierra, y en Ventaquemada dos que se dicen *Choquira,* ciudad del bueno o del hombre bueno, y *Ruaquira,* ciudad de ollas, así como en el Valle de Leiva hay un pueblo *Ráquira,* donde se han fabricado ollas desde los tiempos prehistóricos.

Además, hay en la altiplanicie chibcha los siguientes nombres geográficos terminados en quira:

Moniquirá	(Valle de Sogamoso), donde estaba el Templo del Sol.
Quirbaquira	(Vereda de Cómbita).
Furaquirá	(Vereda de Turmequé).
Sochaquirá	(Vereda de Guayatá).
Chinquirá	(Vereda de Turmequé).
Dominquira	(Vereda de Soracá), de raíz española, equivalente a ciudad de Domingo.

Ta labranza, y *ca* cercado, fortaleza o mansión del soberano, aceptan en el lenguaje figurado de los Chibchas numerosas aplicaciones metafóricas. La labranza se convierte en distrito, comarca, territorio, región y espacio, como, por ejemplo, en las expresiones *Sua tá* (labranza del Sol), *Suta tá* (tierra caliente o dominio del Suta), *Guaia tá* (dominio de la patrona o señora), *Boi tá* (región de las mantas), *Hyca tá* (cueva de piedra), *Hicha tá* (cueva de tierra). En tal sentido encuentran expresiva traducción los siguientes nombres geográficos actuales: Facatá o Bacatá (Bogotá), que significa lo que está fuera del terreno cultivado, es decir, la extensión de la sabana; Guachetá, labranza del mancebo; Chipatá o Chipabtá, dominio de nuestro padre, en el cual entran el pronombre *chi* y el nombre *paba* apocopado; Chocontá, dominio del buen aliado, teniendo presente que *cone* significa apoyo, aliado, y *cho* bueno. Subsisten además con la misma terminación y análogo significado los siguientes nombres geográficos en la altiplanicie chibcha, a los cuales no sería difícil encontrarles su equivalencia española con un poco de estudio del vocabulario:

Chivatá (Distrito).	Chaguatá (Vereda de Pesca).
Gachetá (Distrito).	Nocuatá (Vereda de Pesca).
Guabatá (Distrito).	Ayatá (Vereda de Miraflores).
Guapotá (Distrito).	Guanatá (Vereda de Zetaquira).
Machetá (Distrito).	Cupatá (Vereda de Floresta).
Oicatá (Distrito).	Hometá (Vereda de Floresta).
Supatá (Distrito).	Ciatá (Vereda de Ventaquemada).
	Chiratá (Vereda de Turmequé).
	Juratá (Vereda de Turmequé).

En cuanto a los compuestos y derivados de *ca,* recordamos a *cafun,* bollo regio, y a *Cagüi,* cuyo significado directo es "esposa del serrallo" o "sultana" y cuya extensión metafórica expresa la estrella de oriente y la hora de la madrugada; de donde deducimos que Bojacá o Moxacá y Chusacá significaban "el moxa real" y el "ídolo real". *Cahica* significa piedra del cercado real, o bien, "fortaleza de piedra" y todos los demás nombres en que entra tal partícula, los consideramos mansiones regias de diferentes príncipes, como Susacá, Soracá, Tin jacá, Boyacá, Samacá, Tuacá, Tumacá, Cunucá, Tobacá, Sisbacá, Murcá, Mochacá, Modecá, etc., algunos de los cuales son hoy Distritos municipales y otros son apenas sitios y veredas.

Otros sitios o mansiones reales no tienen la partícula ca, pero conservan el nombre del principado, como Tocancipá (vestuario del Zipa), Gachancipá (enfermería del Zipa), Zipacón (aliado del Zipa), Susacón (aliado del Susa), Tibasosa (Capitanía del Susa), Sutatenza (lugar donde estuvo Tenza), Chipazaque (nuestro padre el Zaque), Fonzaque (el bollo del Zaque), etc. Sin contar con los ya mencionados de Zipaquirá, Sotaquirá y Guanzaque.

A propósito de la voz güe o güi, que quiere decir esposa, se nos ocurren algunas observaciones sobre la índole metafórica del idioma, a saber: en ese símbolo se comprende también la casa, el hogar de la esposa; así el dueño de la casa se llama güegue, con la inflexión correspondiente del verbo ser (guensuca); güe era también el amo; güecha, el hombre de la casa, era el guerrero, el jefe; el padre abuelo, jefe de la estirpe, se decía güexica; "entre casa" se decía güetana; el matrimonio era Itagüe, de ita, mano; la casa del perro era togüi; la cucaracha era chutagüi, como quien dice "hija de la casa"; la casa desocupada se decía güemuy, como dando a entender "casa enyerbada"; el quicio de la puerta, se decía "pie de la casa", güequihica; al viudo se le llamaba agüi, sin mujer, sin casa, y a la manceba, tygüi, que equivale a "mujer de fiesta". Entresacamos de este grupo los nombres de pueblos, Itagüi, Togüi, que significan "matrimonio" y "casa del perro", respectivamente.

Cuatro divinidades de primer orden se destacan de la consagración que los Chibchas les dieron en sus nombres geográficos, a saber: Sua, el Sol; Chia, la Luna; Sie, el agua; y Fo o Fu, entidad sombría, poco definida en la tradición, a quien los cronistas daban la figura de zorra. Al Sol le daban la primacía en su devoción y a él levantaron templos en varios lugares del país, el principal de los cuales estaba situado en Sogamoso. Este nombre es una adulteración de la palabra *Suamox*, que quiere decir "morada del Sol" de la cual derivaron su título de *Sugamuxi* varios de los grandes Jeques que gobernaron allí. En Soacha debió de existir otro templo consagrado al Sol, según lo indica este expresivo nombre, que significa sexo de esta divinidad, como quien dice: "dios varón". Suaita, población situada sobre el río Saravita, al norte de Saboyá, tiene también un nombre muy expresivo en el antropomorfismo chibcha, que significa "mano de Sol". Soatá literalmente expresa "labranza del Sol", y en sentido metafórico, "dominio del Sol", probablemente por la elevada temperatura de aquella población, situada en el cañón ardiente del bajo Chicamocha. Suachoque o Subachoque expresa "trabajo del Sol" y Suasía, vereda del Distrito intercordillerano de Labranzagrande, significa "agua del Sol". Suapaga y Secunsuca son veredas de los Distritos de Paya y Sotaquirá, respectivamente, y aquél es también el nombre de un riachuelo afluente del Chicamocha, así como éste era el nombre de un soberano de Ramiriquí.

Al día lo llamaban los Chibchas, metafóricamente, *sua* y el adverbio de tiempo *cuando* lo expresaban diciendo *fisua*. El saludo era *chua,* contracción de *cho sua,* "buenos días"; la mochila del bastimento diario era *chisua.* El sueño era *muysua,* "blando día", o mejor dicho "descanso". La noche era *za,* que quiere decir "nada". Nacer el sol, amanecer, se decía *suasagasca* y ponerse el sol, anochecer, se decía *suasamiscua.* A la rana, símbolo del alma muisca, la llamaban *iesuca,* "alimento del Sol", así como al anzuelo lo llamaban *tyhysua,* palabra de no bien definida etimología que tiene un componente común con *tyhyfatun,* "pan de labrancero", a diferencia del pan del soberano que se decía *cafun.* Pero en lo que mejor se pone de manifiesto la tendencia metafórica y pintorescamente poética del idioma chibcha es en la denominación que recibía la temporada primaveral del verano en la altiplanicie, durante la cual se experimenta el amor de la vida; a esta temporada de flores y alegría la llamaban los sentimentales Chibchas *suaty,* que significa "canción del Sol".

En una que fue ensenada del gran lago de Bogotá y hoy rinconada apacible y risueña al norte de la Sabana y no lejos de Zipaquirá, hay una graciosa población llamada Chía, que fue en lejanos tiempos residencia del heredero del Zipa o sea el Delfinado. La belleza de sus campos ofrece todavía, como lugar de recreo a los excursionistas de la capital, los más discretos encantos bajo sus alamedas de sauces en las vegas del río Funza, tapizadas de trébol. Al pie de una colina nace una fuente de aguas salutíferas y deliciosas, de donde se proveen en cántaros de loza de Tocancipá los habitantes del poblado, con una especie de obediencia a las costumbres del pasado indígena. Tíquiza se llama la fuentecilla tradicional, cuyo nombre simpatiquísimo al oído no se sabe qué significa; pero se pronuncia con cariño cada vez que recuerda el paseo campestre y los bailes a la pampa que allí se cumplen con frecuencia. La vida en Chía es de por sí placentera, a virtud del paisaje, y las temporadas dicembrinas pasadas bajo su encanto dejan en el alma inefables recuerdos de amor. Suponemos que a causa de esta sugestión afectiva fue escogida por los Chibchas la ensenada galante para noviciado del príncipe, para que formara su alma el presunto soberano al amor de una juventud soñadora, en castidad absoluta y bajo el cuidado de sabios preceptores. Un kilómetro antes de llegar al actual poblado aparece una dispersión de casitas escondidas entre agrupaciones de cerezos, borracheros y curubos, resto del antiguo Resguardo de indígenas, y en medio de ellas encuentra el excursionista una cavidad circular como de treinta metros de diámetro, donde le muestran los vecinos, con cierto religioso misterio, las huellas de lo que fue el templo consagrado a la Luna, dentro del cual hacía su noviciado el príncipe heredero durante doce años de estudio y abstinencias, conforme a la etiqueta consuetudinaria del zipazgo. En Tíquiza y en las fuentes termales de la vecina población de Tabio eran los baños del príncipe, a los cuales se trasladaba con gran pompa. Cumplida la mayoría de edad, el Delfín era consagrado como Cacique de la circunscripción y como generalísimo de los ejércitos del Zipa. Corre la tradición de que este templo o seminario regio estaba cubierto con láminas de plata que brillaban con pálido resplandor a la luz de la luna, y que del centro de su cúpula pendía una lámpara fulgente del mismo metal, en que se mantenía perpetuamente el fuego sagrado; los tapices y los cortinajes eran también de filigranas de plata y el altar, donde no se sacrificaban sino animales blancos, estaba sustentado por columnas de ricas maderas forradas en arrepujados argentinos. Las túnicas de los sacerdotes y el manto del príncipe debían exhibir siempre la albura de la inocencia. Tal era el santuario consagrado por los Chibchas a la castidad del astro de la noche. No obstante los derechos hereditarios, el príncipe era sometido, según cuentan los cronistas, a una tentadora prueba de castidad, y si salía vencido en ella, se le declaraba indigno del trono.

De todas aquellas riquezas no encontraron, sin embargo, los invasores españoles, sino los sitios escuetos donde estaban incrustadas; porque, en cuanto llegaron los informes de su codicia, fueron transportados por los sacerdotes a sitios ignorados, para evitar sacrílegas profanaciones.

De acuerdo con esta idea sacrosanta de la castidad, los Chibchas usaban la palabra *chíe* para representar la honra, el brillo de la buena fama.

Como contaran el tiempo por las fases de la luna, al mes, período lunar, lo llamaban también *chíe*. El año solar constaba de trece lunaciones, según se deduce de los trece rayos con que los Chibchas adornaban al sol en sus pinturas. Es deplorable que en el vocabulario no aparezcan los nombres de los días de la semana ni los de los meses del año, para formar idea de la cronología chibcha, sin duda pintoresca y psicológica, como todo lo de este pueblo sentimental y metódico. El canónigo Duquesne logró con su portentosa imaginación subsanar esta falta; pero parece estar demostrado que su ingenioso sistema de calendario carece de bases positivas. Pero no es el caso de entrar a discutir las opiniones de tan sabio como atrevido autor.

No lejos de Soacha está el río Fucha y siguiendo análogas deducciones, se comprende que por este lado debió de existir un templo levantado en honor de *Fu* en forma de hombre, así como existe la tradición de otro templo consagrado a la misma divinidad a orillas del lago de Fúquene, cuyo nombre significa "lecho de Fu". El pueblo de Fómeque, situado en la cordillera oriental, parece por su nombre otra consagración ignorada de aquel dios.

Por último, para no fatigar más al lector con la interpretación de otros nombres geográficos de etimologías dispersas que tenemos en cartera, nos ocuparemos como remate de este capítulo del de la célebre laguna de Siecha, consagrada a la divinización del agua. Como *Sua* y como *Fu*, *Sie* también cabía en el antropomorfismo de los Chibchas y lo adoraban en su advocación masculina de *Siecha*. Allí era donde el gran Cacique de Guatavita, con pretensiones de soberano hijo del Sol, ejecutaba la regia ceremonia de su anual consagración en las aguas sagradas. Como *Sua*, tenía *Sie* su dominio, el cual se decía *Siatá* y estaba situado en una vereda del actual Distrito de Ventaquemada, y como el Zipa, tenía un sitio donde se le fabricaban sus pampanillas, que era en Siatoca, vereda de Sotaquirá. En Guayatá hay también una vereda llamada Siativa. Cabeza se decía en chibcha *Sysquy*, de donde probablemente sale Sesquilé y a las lagunas, en general, se les llamaba *Xisgua*, *Siba*, de donde resulta *Sibaté*, "derrame de la laguna", como se dice *Ybaté* "derrame de sangre". A la lluvia se le decía *xiu* y a las lágrimas *Upcuaxiu* "lluvia del ojo".

Con lo dicho en orden a la metáfora chibcha aplicada a la formación de nombres geográficos, basta para poner de manifiesto en sitios y cosas que nos son familiares, la índole pintoresca del idioma y la facultad imaginativa del pueblo chibcha, facultad creadora, facultad sublime, que hizo, bajo mejores auspicios, la inmortal civilización de los griegos!

Pequeño vocabulario
de las palabras chibchas utilizadas en este capítulo.

Agüi viudo	Fagua lucero
Boi manta	Fisua ¿cuándo?
Ca cercado	Fo, Fu zorra
Cafun bollo-real	Fon arepa
Cagüi sultana	Fura mujer
Cagüi estrella, madrugada	Gacha llaga
Cone apoyo, amigo	Gua monte, pez
Cha varón	Guaca yerno
Chi nuestro	Guacha mozo
Chíe luna	Guache mozo
Chíe honra	Guahaloque diablo
Chíe brillo	Guaia patrona
Chiminigagua dios creador	Guane aliso
Chisua mochila	Guaque pariente
Cho bueno	Guasgua niño
Choua saludo	Guatoc quebrada
Choque trabajo	Guatquica cielo
Chuzo ídolo	Güe casa
Chuta hijo	Gúemuy casa vacía
Chunsua guaca	Chuzo ídolo
Fac afuera	Chutagüi cucaracha

Chyquy sacerdote
Guetana entrecasa
Guexica abuelo
Güi esposa
Guy esposa
Hica piedra
Hicha tierra
Hica nombre
Ie alimento
Ioque cuero, látigo
Ita mano
Itagüe dueño de casa
Mox morada
Moxa víctima
Muy blando
Muysua sueño
Paba padre
Pchigua ventana
Quica pueblo
Quicagua mundo
Quicabscua desterrar
Quira ciudad
Quyny lecho
Ra, rua, olla
Siba laguna
Sie agua
Sisquy agua caliente
Sysquy cabeza
Güecha jefe

Güensuca ser, estar
Güequyhica puerta
Sua Sol
Suta Soberano
Suasamiscua anochecer
Suasagasca amanecer
Ta labranza
Tena baja
Tenasuca bajar
Tiba capitán
Tigua águila
To perro
Toca pampanilla
Togüi casa del perro
Ty canción
Tyhysua anzuelo
Tyhytafún pan común
Tysua verano
Upcuaxín lágrima
Vita punta
Xie río
Xiegua lago
Xiu lluvia
Yba sangre
Za no, sin nada, noche
Zie tiñosa
Zaque Soberano
Zipa Soberano
Zyta culebra.

CAPITULO II

PETROGLIFOS EN GENERAL

El viajero, o mejor, el excursionista que se interna en el país podría encontrar ocultas por la selva como encuentra tras de los matorrales de las tierras incultas o en medio de los cultivos, ciertas piedras nativas cubiertas de figuras incomprensibles, trazadas por los aborígenes en tiempos más o menos remotos. Al hacer nuevos desmontes, después de la tala, aparecen estas piedras festonadas de musgos, aisladas y altaneras en sitios eminentes, como mudos testigos de una oscura época en que aquellos lugares estuvieron animados por la agitación de los hombres. Despojadas del capote que como una montera las cubre, exhiben el mensaje olvidado de que están encargadas y tal parece que en un lenguaje incomprensible quisieran decir lo que han visto. Los signos expresivos, trazados en ellas con el intento de que transmitieran a las generaciones el acontecimiento palpitante y el suceso trascendental que pasó, permanecen mudos. El signo, la cifra, el rasgo inteligente, símbolos de ideas, que indudablemente revelaban un discurso o sugerían una emoción inquieta, se han paralizado al encanto del tiempo y no encuentran una mirada mágica que los despierte. En el desmonte bajo la selva que se extiende alrededor, en la cañada, en la cumbre que a ella conduce, en el amplio paisaje que se columbra a lo lejos, ha sucedido el silencio donde hubo bullicio. Allí se agitó un pueblo atormentado por las pasiones, allí se movió la vida intensa de los hijos del dolor, allí se cumplió el drama de la humanidad. De todo ese bullicio solo queda una piedra marcada con el rasgo del artista que acaso pretendió inmortalizarlo.

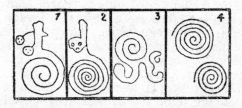

Evolución de un mito en éxodo.

1. De una piedra del Estado Miranda (Venezuela). 2. De la Sierra Nevada de Santa Marta. 3. De las Piedras de Anacutá (Fusagasugá). 4. de una piedra de "La Ruidosa" (Viotá).

Esas señales de vida aparecen en muchas regiones de América. El hombre curioso que las contempla pretende en vano penetrar su misterio y el lienzo oscuro de la prehistoria de los pueblos, cuya vida representan, teje hipótesis aventuradas. La imaginación del anticuario se lanza a explicaciones infundadas para descubrir en ellas la concepción de cosas y entidades de que acaso sus autores no eran capaces y ha habido sabios viajeros que, en busca de una luz, interrogan sobre ellas candorosamente a los actuales indios, creyendo encontrar dentro de los oscuros cráneos vivos, cristalizada o como petrificada a través de varias centurias, la idea que iluminó los cráneos muertos. Humboldt inquiere de los habitantes del desecado lago que él concebía en el corazón de la América meridional, cómo pudieron ser grabadas las figuras que aparecen en las rocas del Orinoco, y sus imbéciles interlocutores contestan con risa burlona "que en tiempo de las grandes aguas sus padres llegaron en canoas a las cimas de las montañas". El ilustre Creveaux encuentra semejanza entre el tatuaje de sus guías y las pinturas de las rocas de la Guayana, y al averiguarles el objeto de ellas, le contestan que son para "ahuyentar los Diablos que podían hacerlos morir". El inmortal Jorge Isaacs, al copiar con solícita curiosidad los numerosos grabados de la Sierra Nevada de Santa Marta, le pregunta al viejo hechicero de la tribu de los Busingas que lo acompaña, el significado de algunos signos, y él le dice que los círculos concéntricos representan el Sol, que la espiral significa la eternidad y que una cabeza como de mono, con sus tres circulillos centrales, que se desprenden de una de aquellas volutas o espirales, representa a la Divinidad. Don Lázaro Girón, cuando estaba dibujando las rayas paralelas que hay en una de las piedras de Anacutá en el valle de Fusagasugá, inquirió la tradición entre los habitantes de la región, quienes "se inclinan a ver en estos signos la representación de caminos o más bien de cursos de agua", y agrega en su informe que corrobora esa idea la presencia de las ranas en la parte superior de las líneas y de la culebra en su inferior. El caso es que todos los que observan esos dibujos, ya sean sabios o ignorantes, están persuadidos de que tienen una aplicación simbólica. Las dificultades para ejecutarlos, algunos de ellos estando colocados en rocas inaccesibles; la tarda y complicada labor que implican, unos a cincel, con trazos precisos aunque enredados, en piedras durísimas, como para desafiar las injurias de los siglos, y otros pintados en cuidadosas circunvoluciones que ponen hoy a prueba la paciencia del copista; la habilidad técnica que exigieron a sus autores para seguir determinado plan, estilo y uniformidad en ciertas figuras que le son comunes, y muchas otras circunstancias de situación, o tientación y erección de rocas especia-

les, así como la generalización de esa tarea en
todo un Continente, por mil tribus distintas y
al través de generaciones y peripecias sociológicas angustiosas, les prestan grande importancia a dichos monumentos e imponen al etnógrafo la obligación sagrada de estudiarlos
atentamente.

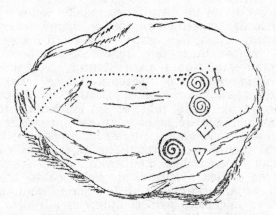

Signos grabados en una piedra de Anacutá.
Representan la marcha de una migración.

Desconcierta en este estudio la falta de conocimiento sobre el orden, encadenamiento y
valor convencional de las figuras que representan una idea en cualquiera expresión gráfica.
Hay pueblos que escriben de derecha a izquierda, en líneas horizontales; otros de izquierda
a derecha y otros alternadamente, en zig zag;
los hay que lo hacen en líneas verticales, de
arriba abajo, y otros al contrario. Dentro de
un signo integral puede haber signos parciales
para los cuales se sigue un encadenamiento
distinto del conjunto, como sucede en los jeroglíficos, cada una de cuyas figuras obedece a
una ley de formación. En estas figuras simbólicas, por necesidad de simplificación, el tipo

primitivo va deformándose hasta desaparecer casi enteramente la ley ideológica que lo originó así, ¿quién puede comprender, por ejemplo, que la letra A fuera al principio la representación de la cabeza del buey Apis? Otro motivo de confusión en el descifrado de las escrituras bárbaras, consiste en que la transición de la ideología de las figuras a la fonética de las cifras no fue de un golpe; de modo que dentro de un alfabeto en formación aparece el rastro del jeroglífico en que los signos tuvieron su origen; así, hay letras en la escritura egipcia representadas por figuras de hombres en diferentes actitudes para figurar la primera cifra idiomática del verbo a que se refieren. Cambiada la expresión idiomática en un proceso de mestizaje, subsiste, sin embargo, como una anomalía de la escritura, el mismo gesto humano representando una acción distinta. Por consiguiente, la ignorancia de los idiomas indígenas y los cambios que hayan sufrido éstos al vaivén de las aventuras de los pueblos, junto con lo anteriormente dicho, son dificultades casi insuperables para comprender el objeto y, mucho más, el sentido de los petroglifos. Desalentado ante estos y otros mil motivos de incomprensión, el doctor Vicente Restrepo, a la mera enunciación del problema, exclama sentenciosamente en su erudito libro sobre los Chibchas: "Mudos en razón misma de su origen, condenados esos signos, por la mano inconsciente que los trazó, a un silencio eterno, jamás podrá la vara mágica de la ciencia hacerlos hablar" (1).

Podrían esas piedras comenzar a rendir sus declaraciones ante los etnógrafos en el proceso que le han abierto a los siglos muertos, si entre nosotros se tuviera el cuidado, como tra-

---

(1) VICENTE RESTREPO, Los Chibchas, Cap. XV, pág. 176.

bajo preliminar, de coleccionar los dibujos que contienen, en orden geográfico, con el objeto de estudiar la posibilidad de que representen etapas centenarias de la marcha de las tribus invasoras del territorio colombiano. Como punto de partida se tienen ya las planchas dibujadas por el señor Isaacs en el macizo de la Sierra Nevada de Santa Marta y litografiadas sin clasificación alguna y en lamentable desorden en la entrega número 45 de los *Anales de Instrucción Pública* del año de 1884. Desde luego se ve que allí hay signos que se repiten como una característica en muchos otros dibujos grabados en piedras a centenares de leguas de distancia. Hay noticia de que sobre el río Magdalena, en Tamalameque, existe una piedra grabada y en el peñón de Caro, frente a Tenerife, hay otra, según lo informa el señor Agustín Samper, quien la ha visto. Ciento sesenta leguas más arriba, ya en el alto valle del Magdalena, hay un elevadísimo peñón de más de cien metros de longitud, situado a dos leguas al sur del Líbano, donde el señor Enrique Isaacs dijo a su hermano haber visto gigantescos jeroglíficos que a simple vista se distinguen desde abajo, aunque para dibujarlos con precisión se requiere observarlos con anteojo. Del centro de la roca, por causa de un movimiento sísmico, se desprendió en tiempo remoto un gran bloque en el cual hay volutas y figuras en forma de C, cuyos extremos se enrollan. "No hay indicio, agrega el señor Isaacs, que permita suponer cómo fueron cincelados esos signos a semejante altura. A inmediaciones de la piedra hay un cementerio de indios en el cual se han cavado guacas, y algunas han producido hasta ochenta pesos de buen oro". Esta notabilísima roca se denomina en el vecindario "La Marcada" y forma un enorme escalón en la falda de la montaña en la cañada de Riorrecio, que probablemente fue la brecha de acceso al macizo de la Cordillera Central al cruzar el éxodo de la tribu minera de los Quimbayas, familia de los Taironas, señoreados en la Sierra Nevada de Santa Marta.

En "La Marcada" se ramifica la traza del éxodo que siguió Magdalena arriba y ya transmontada la cordillera, en el Valle del Cauca, vuelven a encontrarse piedras grabadas en el Cerro de las Cruces y en la hacienda de "Los Limones", en Cali, y al occidente de esa ciudad en el sitio de El Salado o Queremal, de donde fue arrancada la estatua de la Virgen de Remedios, tallada por los indios, según informa al autor de este libro el señor Guillermo Velasco, quien denuncia además, la gran piedra de "Aguasucia", en Jamundí. Sobre la línea del ferrocarril que va hacia Popayán, a 53 kilómetros al sur de Cali, encontraron los ingenieros del trazado dos piedras marcadas, por el mismo estilo de las que hay en el valle del río Bogotá ocupado por los Panches, y una estatua semejante a las de San Agustín del Alto Magdalena.

Al frente de Aipe, en Villavieja, río de por medio, hay un principio de escultura que parece iba a ser tallada en una piedra redonda, la cual consiste en las facciones de un mostruo, al modo de la cabeza de un batracio, orlada por doble fila de arandelas figurando cofia. Este es el primer punto del país donde aparece la iniciativa de la escultura como sistema de representación. Más arriba, sobre la misma banda del río y separado de éste por una serie de colinas que lo ocultan, está el misterioso y recóndito vallecito de San Agustín, donde se recata a las miradas del transeúnte un adoratorio colmado de efigies, descritas e interpretadas por el Coronel Agustín Codazzi en la Geografía del Estado del Tolima. Ya sobre la Cordillera Central, en otro vallecito llamado "Moscopán", al occidente de la vieja ciudad de

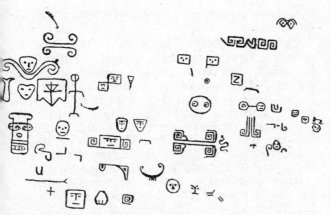

Arranque de una migración continental. Jeroglífico tomado de una piedra situada sobre el río San Sebastián, cerca de Puerto Cabello. (Señalamos con una flecha las características).

La Plata, se han encontrado recientemente cuatro estatuas más, no descritas ni retratadas por ningún viajero científico. Atribuye el señor Codazzi las obras de arte de San Agustín a la tribu de los Andaquíes, quienes se remontaron a la cordillera por la cañada ya estrecha del Magdalena y se dispersaron en la gran llanura oriental, descendiendo por el Caquetá, río ge-

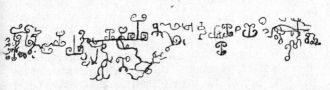

Una de las numerosas inscripciones de la gran roca del cerro Caupatí sobre el río Caquetá.

melo de aquél por nacer en la misma cuna, en el Páramo de las Papas, *divortio aquarum* de los dos inmensos valles, donde también tiene su nacimiento el río Cauca. Por los raudales de este último río pudieron volverse a reunir las dos familias que se habían separado en el Líbano.

Como una comprobación de la hipótesis del ilustre geógrafo, encontró el señor Tulio Ortíz E., explorador de la hoya amazónica durante los diez últimos años, una inmensa piedra grabada frente al raudal de "La Pedrera", y en la única eminencia del terreno que se levanta en la llanura, llamada cerro de Coupatí. Según informe que el señor Ortiz le dirige de Roldanillo, fechado el día 5 de febrero de 1920, al señor don Guillermo Valencia, la piedra es una estrata granítica plana, de enormes dimensiones, en la cual hay 1.365 signos, cuyas fotografías también le remitió en veinticinco planchas. Allí se ven repetidas con fatigante profusión, las características de los jeroglíficos de la hoya del Magdalena.

Volviendo al punto de "La Marcada" que sirvió de apartadero a las tribus mineras en su éxodo hacia la Cordillera Central, se encuentra otra piedra grabada a dos jornadas hacia el sur, en el valle del Magdalena, en la región aurífera del río Cucuana, Distrito de Miraflores, la cual tiene idénticos signos que la del Líbano, según lo observó don Enrique Isaacs y, siguiendo el rumbo al sur, se encuentran a la orilla del río Magdalena dos piedras marcadas en el municipio de Aipe, una de las cuales representa un muestrario de tunjos y alhajas, y en la otra, situada a la orilla misma del río de modo que en las avenidas debe desaparecer bajo las aguas, sólo se ven las figuras características de la voluta y los círculos concéntricos, y además un cuadro dividido por medianas y diagonales, figura que luego se repite persistentemente, como una nueva característica, en las innumerables piedras grabadas diseminadas en las cañadas de los ríos Bogotá y Fusagasugá que conducen a la altiplanicie chibcha.

La piedra inicial de la subdivisión del éxodo que ascendió por las breñas de la altiplanicie fue encontrada por el ingeniero Jorge Triana en 1909 en el Municipio de Cunday, en la hacienda de "El Darién", sobre el río Cuinde, y tiene la particularidad de mostrar en su jeroglífico, por medio de una flecha adornada, la situación de una ciudad al pie de una cordillera. Así se inicia en esta piedra un sistema de dibujos de carácter representativo, que luego puede observarse en casi todas las de la región que invaden. En Tocaima la piedra de "El Ambucal", descubierta y tomada por el autor en 1890; las de Tena en el potrero de "El Chulo", señaladas por el doctor Benjamín Osorio; las del río Calandaima, estudiadas en sus cafetales de "Los Olivos" por el señor Gabriel Ortiz W.; las de "La Ruidosa", sobre el mismo río, unas indicadas por don Julio Mier y otras fotografiadas por el señor don Enrique de Narváez y Q.; la tomada admirablemente sobre un enorme monolito en forma de mesa casi inaccesible, en la cañada del mismo río Calandaima, por la señorita Lucila Saray; la indicada por el señor de Narváez en la hacienda de Batabia, conocida con el nombre de "El Sepulcro", a causa de su figura, la cual está situada en el Boquerón o Alto de La Cruz que conduce a Fusagasugá, y la de "El Poleo" en Tibacuy; las descubiertas en sus cafetales del Municipio de El Colegio por don Carlos de Vengoechea; las de carácter singularmente geométrico, tomadas por don José María Iregui en la hacienda de "California"; la descubierta por el señor Bruno Melo en la hacienda de "La Argentina", del Municipio de El Colegio; la tomada por el Presbítero Juan Crisóstomo García, a una legua al norte de Vergara, el territorio que ocupaban los indios Colimas; e infinidad de otras más que se dice haber en sitios poco definidos, situadas en la región ocupada por la tribu de los Panches; todas las cuales son grabadas a cincel, como las de Chinauta y Anacutá que encontró el señor Lázaro Girón en el Valle de Fusagasugá, allende la pequeña serranía que separa por el sur este valle de la Sabana de Bogotá. Con tan abundante documentación, científicamente clasificada, en orden a sus símbolos y teniendo en cuenta la topografía del país y las corrientes marítimas que azotan sus costas, bien podrían estos petroglifos establecer las vinculaciones etnográficas necesarias para ser enrolado en los grandes estudios que sabios americanistas y orientalistas adelantan con el fin de hacer hablar a los jeroglíficos que dejaron los pueblos muertos.

El presente capítulo, de ideas generales sobre los petroglifos de que hay noticia, de procedencia caribe, en territorio colombiano, o sea, de los que marcan la traza de las invasiones por el río Magdalena, aunque parezca extraño en un libro que trata de la civilización de los Chibchas, queda justificado como una comprobación de la teoría de las migraciones, expuesta en los primeros capítulos, y sirve consecuencialmente para establecer las diferencias necesarias para la identificación del contingente étnico que ocupó la altiplanicie. Como primera diferencia aparece la circunstancia de que todas las piedras de esta invasión por el río Magdalena son grabadas a cincel, al paso que las que se encuentran en la altiplanicie están dibujadas con tinta roja. Esta simple observación sirve para localizar con exactitud el territorio que ocuparon los Chibchas y para corregir el error en que han incurrido los autores de obras sobre etnografía, prehistoria y geografía al atribuír a los Chibchas algunas piedras grabadas, situadas en el territorio de Cundinamarca, y como el dominio de dicha tribu las regiones donde ellas radican; tales como las de Chinauta y Anacutá, por ejemplo, situadas en el valle de Fusagasugá, donde hay muchísimas más del mismo estilo.

Además de esta primera diferencia, quien haya coleccionado unas tantas de las grabadas y de las pintadas, puede observar en el estilo de los dibujos de unas y otras un carácter bien distinto, tanto en el conjunto como en cada una de las figuras. En las primeras se nota cierta independencia y ordenación en los rasgos, al paso que en las segundas la aglutinación en grupos armoniosos es el propósito evidente del artista. Si las unas sugieren ideas vagas, las otras causan una ligera emoción artística; así es como, con poco análisis, se adivina en aquéllas la intención de un jeroglífico, al paso que éstas, con menos análisis aun, se experimenta una elación placentera, por el juego gracioso de los rasgos entrelazados con una especie de adornos, los cuales provoca arrancarlos para colgaduras y tapices; pero un cuidadoso análisis descubre en esos dibujos elementos típicos que, por repetirse en numerosas variantes, pueden independizarse para encontrar en ellos la base de una escritura ideológica, como se nota a primera vista en los otros. El estudio de las piedras pintadas, de que se tratará en los capítulos siguientes, dejando el de las piedras grabadas a otros investigadores, es un tanto complejo y no promete una solución inmediata. Requiere, como se verá más adelante, penetrar en la psicología abstrusa y misteriosa de una raza soñadora de teólogos y artistas, cuyas raíces de pensamiento es preciso buscar, como ha procurado hacerlo este libro en sus primeros capítulos, entre los cendales de las leyendas míticas del pueblo chibcha.

Es digno de observarse que los dibujos tomados por el señor Isaacs en la Sierra Nevada de Santa Marta ofrecen una tendencia naturalista para la representación de pájaros, cuadrúpedos fantásticos, figuras humanas más o menos monstruosas, soles radiados y arabescos de una composición divagante, algunos de los cuales armonizan con las estatuas de San Agustín, según el mismo explorador, como si fueran obra de la misma migración. Los dibujos de las demás piedras grabadas que a lo largo del inmenso valle del Magdalena aparecen de trecho en trecho, como marcando la traza migratoria, pierden el naturalismo pictórico y afectan el aspecto hierático de las figuras estilizadas en rasgos simples, con cierto convencionalismo característico.

Piedra del matrimonio. Predomina la característica
del esqueleto de la piedra de Puerto Cabello.

En todo el valle del alto Magdalena y en las cañadas que desciendan a él de la Cordillera Oriental de los Andes, hay esparcidas en el suelo piedras grabadas en bajorrelieve, obra de los Panches, tribu vecina de los Chibchas, con quienes mantenían activo comercio de sal, mantas y dijes de oro, a cambio de algodón, oro en polvo y otras prendas. Esto era en tiempos de paz. Las guerras frecuentes alteraban estas cordiales relaciones de comercio, y entonces los piadosos Chibchas hacían sacrificios a sus dioses sobre las piedras de las fronteras para encomendarles la protección de su territorio.

No parecen participar de igual carácter ni de análogo objeto las piedras grabadas de que aparece sembrado el suelo ocupado por los Panches. La pequeña magnitud de la generalidad y el aspecto familiar de los asuntos que parecen representar, en la mayoría de los casos, hacen pensar que esos indios no les atribuían especial motivo religioso a sus piedras. Estos motivos son múltiples y de innumerables estilos.

Esta diversidad ofrece oportunidad a la investigación para conocer el curso y hasta el orden en tiempo que llevaron las invasiones que recibió el país. Coleccionados, clasificados y comparados los dibujos de las piedras dispersas en el territorio de Colombia, desde las costas del océano hasta los más profundos repliegues de los valles que le tributan sus aguas, se podría deducir el grado de desarrollo mental que tenían los diversos pueblos que ocuparon sucesivamente el suelo, su permanencia en él y hasta las circunstancias que concurrieron para su abandono. Las migraciones de los Caribes que por los ríos Orinoco y Magdalena y sus afluentes se verificaron, según lo demuestran otros indicios, en expediciones sucesivas y a largos intervalos de tiempo, algunas de ellas portadoras de civilizaciones adquiridas a través de un éxodo más venturoso, y siempre con el empuje de la ola que viene alcanzando y como desplazando a la que le había precedido. El grado de evolución de cada ola de invasión procedente de un mismo origen debía ser más y más avanzado en el transcurso de los siglos, y las características mentales de cada orden de migración tenían que ser muy diversas en razón de su diferente origen. Según lo demuestra el señor don Carlos Cuervo Márquez en su estudio *Orígenes etnográficos de Colombia,* eran muy diferentes en su desarrollo sociológico las tribus que venían de las Antillas, de las que procedían de la América Central y de las que, como un rebote, venían deslizándose a lo largo de la costa del mar Caribe, desde la Guayana hasta Urabá. Había, pues, entre los antiguos y los nuevos invasores y entre los que, como los Chibchas, se creían autóctonos, multitud de elementos de diferenciación. Pero coincidían por raro y misterioso acuerdo con el hecho universal de dejar en las piedras, como único documento indeleble que hoy subsiste, la huella de su paso y el indicio de su desarrollo mental. No es aceptable, en vista de aquella universalidad de acuerdo entre las tribus invasoras, la hipótesis de que tales labores, difíciles de ejecutar y siempre persistentes a través del tiempo y de las peripecias del éxodo, fueran el resultado del capricho de sus autores y la inspiración vana de una loca fantasía, persistente en las generaciones de los hombres a través de los siglos. Estas piedras hablan y su enigmático lenguaje será por luengos años la incógnita inquietante y tentadora de los arqueólogos. El estudio comparativo de las inscripciones grabadas en los petroglifos ofrece el más vehemente incentivo para conocer la dinámica social de los pueblos que colmaron el suelo colombiano antes de la devastación que implicó para ellos la conquista española.

No hemos podido consagrar nuestras investigaciones sobre las piedras a las grabadas por los Caribes, por representar esto un empeño superior a nuestras posibilidades y recursos; pero las excursiones ocasionales por el territorio de Cundinamarca que ocupaban los indios Panches, nos han suministrado numerosos ejemplares, sobre los cuales no es posible aventurar ninguna deducción, a no ser la de que ellos las empleaban para conmemorar cosas, hechos, datos y sucesos de toda especie. Sin embargo de lo indeterminado de la exposición petroglífica de los Panches, hemos llegado a sospechar que estos indios tenían un desarrollo mental superior al de los Chibchas y que, consiguientemente, poseían un acopio de ideas de carácter científico más abundante que el de éstos.

Con el propósito de dar una muestra del estilo de sus dibujos, a fin de que se observe la diferencia con las pinturas chibchas, con las cuales hasta ahora se han venido confundiendo en perjuicio de las más elementales nociones de arqueología prehistórica, presentamos dos facsímiles tomados al acaso de nuestra colec-

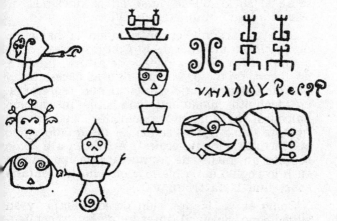

Piedra de los funerales. Dibujo de la señorita Lucila Saray, donde se ve la característica de las dos CC recíprocas y una inscripción paleográfica.

ción, recogidos ambos en la hoya del río Calandaima, pequeño subafluente del río Magdalena, formado en uno de los últimos repliegues de la vertiente que desciende de la mesa superandina en que se habían aposentado los Chibchas.

Por el expresivo simbolismo del dibujo le dimos el nombre de "Piedra del matrimonio", a la que contiene el primer facsímil.

Es una pareja humana entrelazada, cuyos sexos se distinguen por el grueso de los talles, que lleva en las manos el aporte que cada cónyugue allega en habilidades o en categoría social. Al lado derecho de la pareja nupcial van dos indiecillos que conducen un estandarte, símbolo de la guerra, y una flor, símbolo de la agricultura. Al contorno del conjunto hay varias figuras sueltas o cifras representativas de incomprensibles atributos. La piedra en que está grabado este emblema es plana en la parte superior, como una mesa ovalada, de unos tres metros de diámetro, y se levanta pocos palmos sobre el suelo, puede verse en la hacienda de *"La Ruidosa"*, municipio de Viotá.

El otro facsímil, encontrado en la hacienda de *Sevilla*, municipio de El Colegio corresponde a una piedra de diez metros de altura, también en forma de mesa. Por las figuras accesorias y por las del personaje principal que representa, en decúbito abdominal, con una inscripción paleográfica que probablemente encierra el nombre del difunto, la hemos designado como la "Piedra de los funerales". Aparecen allí como séquito un músico de trompeta, una madre con su hijo cogido de la mano y otra mujer sentada sobre una cuña triangular.

Como se ve, la precisión de los dibujos y su simbolismo de fácil interpretación, recomiendan las ideas claras y las facultades artísticas del autor.

CAPITULO III

DONDE APARECEN
LAS PIEDRAS PINTADAS

Solamente hay piedras pintadas con tinta roja en la altiplanicie del ramal oriental de los
Andes que ocupaban los Chibchas y que hoy forma la parte plana de los Departamentos colom-
bianos de Cundinamarca y Boyacá. En todo el
resto del territorio colombiano no se han encontrado sino petroglifos grabados a cincel. Hay
una excepción, sin embargo, formada por las
grandes piedras de Pandi, donde aparecen los
más notables jeroglíficos de todo el país, pintados con tinta roja y dedicados al Sol. Entre Pandi y la Sabana de Bogotá se interpone la región
de Fusagasugá (nombre de etimología chibcha),
la cual estaba ocupada por la tribu caribe de los
Sutagaos, en cuyo territorio se encuentran innumerables piedras grabadas y ninguna pintada. Entre las numerosas piedras grabadas de la
región de Fusagasugá están las de Chinauta y
Anacutá, copiadas por el señor Lázaro Girón,
que se han venido atribuyendo a los Chibchas
por los pocos autores de libros sobre prehistoria,
escritos recientemente, tales como el de *Los
chibchas antes de la conquista española* por el
señor don Vicente Restrepo, y la *Historia de Colombia,* por Henao y Arrubla. El señor Restrepo comprende en el territorio ocupado por los
Chibchas, además de la región de Fusagasugá,
al sur de la Sabana de Bogotá, una gran exten-

sión al norte de Boyacá, en el actual Departamento de Santander, hasta la lejana Mesa de Jéridas, ocupada por los Guanes, donde tampoco hay piedras pintadas, ni siquiera nombres geográficos de etimología chibcha.

Los nombres de pueblos antiguos de la dicha etimología y la existencia de piedras pintadas se complementan mutuamente para determinar el territorio ocupado por los Chibchas. Así donde hay piedras pintadas con tinta roja, hay nombres geográficos de etimología chibcha, y recíprocamente. Sin entrar a discutir si los Chibchas ocuparon en ésta o en aquella época determinados territorios que posteriormente cedieron a la irrupción de los Caribes que los envolvían por todas partes, lo que hemos sacado como consecuencia de la simultaneidad entre piedras y vocablos, es que los jeroglíficos pintados con tinta roja son obra exclusiva de los Chibchas, única conclusión que es necesaria para el desarrollo del presente estudio.

Al sur de Bogotá están Pasca, Fusagasugá y Tibacuy, desprendidos del país por una intersección caribe que ocupó todo el valle del río Panche, cuyo nombre indica a las claras el señorío de esta parcialidad enemiga de los Chibchas sobre un territorio que anteriormente hubieron éstos de haber poseído, para poder ponerse en contacto con el grande adoratorio del Sol, consagrado por ellos en las célebres piedras de Pandi. Como consecuencia de aquella comunicación se fundaron las mencionadas colonias de Pasca, Fusagasugá y Tibacuy.

Pasca tiene en su pronunciación un sabor extranjero como Fosca y Tasco, las cuales están también en terreno de colindancia pero donde hay piedras pintadas que podrían servir para sentenciar un pleito de posesión.

La palabra Fusagasugá, aunque no se le ha encontrado etimología a causa de deficiencia de información sobre idioma, tiene todo el carácter chibcha y hasta se le podría encontrar traducción en armonía con la índole supersticiosa de la tribu, mediante la sustitución de algunas letras que han podido provenir de la adulteración española. *Furagasunga,* significa "mujer que se hace invisible".

En cuanto a Tibacuy, formado por *Tiba,* capitán, y *Cuy,* platero o joyero, no deja duda sobre su procedencia. A inmediaciones del actual pueblo hay muchas piedras panches, acaso en conmemoración de la lucha que implicó la conquista de esta plaza fuerte de los Chibchas, pues debe saberse que *tiba* implica gobierno militar.

Perdida por los Chibchas la región donde estaban los tres pueblos anteriormente mencionados, las romerías al santuario de Pandi pudieron continuar por las ásperas cumbres de la cordillera de Subia. Sobre este camino furtivo parece haber indicaciones en los petroglifos de la región del Tequendama, último rincón meridional del país, francamente ocupado por los Chibchas. Allí está el pueblo de Soacha, cuyo nombre está formado por las palabras *sua,* sol; y *cha, varón;* y también está el río Fucha, dedicado a un dios tenebroso. En toda esta región es donde más abundan las piedras pintadas, probablemente por ofrecer una entrada indefensa.

Siguen la frontera occidental del reino chibcha, caminando hacia el norte, los pueblos de Bojacá y Facatativá, con boquerones de acceso sobre las tierras bajas de Tena y Zipacón, respectivamente, donde los Chibchas tenían colonias o alianzas. *Tena* significa "tierra baja", allí hay piedras grabadas de los Panches, lo mismo que en Zipacón, cuyo nombre significa "apoyo o aliado del Zipa". Los boquerones de Bojacá y Facatativá estaban bajo la protección divina de las piedras de *Moxa,* el uno, y de Hunza, Junza o Funza, el otro, piedras estas últimas que por sucesivas adulteraciones de pronunciación española, han venido a quedar bautizadas con el nombre de "Piedras de Tunja". La región donde están situadas tiene un nombre que habla sobre la constitución política del pueblo; formado por *Fac*, afuera, y *atiban*, capitanía, significa algo como "Fortaleza de la frontera", la cual estaba a retaguardia de Zipacón (aliado o apoyo del Zipa).

Al norte de Facatativá, siguiendo siempre por la frontera occidental, está la población de Subachoque, cuyo nombre significa "trabajo de frente" o "frente al trabajo", locución que en técnica militar moderna equivale a "línea de fuego" o simplemente "frente". *Suba* significa frente y *choque*, trabajo. Allí solamente tenemos noticias de una piedra pintada, abocada al valle de Rionegro, ocupado por los indios Colimas, caribes también como los Panches sus vecinos.

Seguía la colindancia con los Muzos por las fragosas sierras de Tierra Negra que separan aguas entre las cuencas del río Minero y el Saravita, de difícil acceso. Por este costado estaban los Chibchas suficientemente resguardados por defensas naturales y no hay piedras pintadas, aunque la población indígena era muy densa, con sólo la excepción de la "Piedra del Diablo" del pueblo de Sutatausa, sobre la cual subsiste aún entre el vulgo la siguiente leyenda que transcribimos por ser pertinente al asunto:

"Guerreaban los de allende con los de aquende el mencionado boquerón, y para ofrecer obstáculo infranqueable a la corriente invasora resolvieron éstos hacer al dios de las tieniéblas un voto suplicatorio de alianza. Dormía el dios Fu durante el día en la contigua laguna de Fúquene y durante la noche andaba por los peñascos bramando por los desfiladeros. La melancólica divinidad escuchó la plegaria y resolvió trasladar a cuestas una piedra enorme para tapar con ella el boquerón de Tausa; pero el fulgor de la aurora lo sorprendió en la poderosa labor y tuvo que soltar su carga antes de llegar al sitio, a la orilla del camino, temeroso de que el sol lo iluminara con sus rayos, y emprendió la fuga, El monolito está allí todavía para comprobar la ayuda milagrosa del diablo, con las costillas pintadas en tinta roja en una de sus caras".

En el extremo norte de esta frontera occidental están, por último, los pueblos de Muniquirá y Chipabtá, cuyas etimologías son "ciudad del otro lado" y "labranza de nuestro padre". Aquí principian las tierras bajas de la amplia hoya del río Saravita, ocupada por los Guanes o Guanentaes, donde no vuelven a aparecer nombres geográficos de etimología chibcha ni las piedras pintadas. En cambio, en esta rinconada de la altiplanicie hay muchas piedras de adoratorio, lo que probablemente motivó el nombre de Chiquinquirá o Xequenquirá, que significa pueblo sacerdotal.

La única piedra notoria que hay en estos contornos es la de Saboyá, copiada en el álbum de la Comisión Corográfica, en 1852.

Volviendo a la derecha, con rumbo al oriente, se encuentran pocos pueblos que hayan conservado su nombre indígena sobre la frontera del norte. Estos pocos son: Susacón, Sátiva y Soatá, cuyas etimologías respectivas son: "Aliado del Susa", "sin capitán" y "Labranza del sol". En esta región no hay piedras pintadas, a no ser en el páramo de Guantiva, no explorado.

Conviene hacer notar el orden de situación entre Guantiva que significa "Capitanía de la sierra", con respecto a Susacón, que es la tierra de un aliado del Susa, y Sátiva, donde no hay defensa militar, según la etimología. Eso demuestra, junto con los nombres de Susa, Susacá (cercado del Susa), y Tibasosa o Tibasusa (capitán del Susa), que en el norte del país hubo un señorío cuyo soberano se calificaba con el título de *Susa,* como al sur se calificaba otro con el de *Zipa* y al centro otro con el de *Zaque.* Esta disquisición no es extraña al asunto de las piedras de defensa sagrada en algunos boquerones en el corazón mismo del país, tales como las piedras de El Abra en Zipaquirá y las de La Calera ante el valle del río Sopó, lindero del Guatavita.

En la circunvolución de la frontera, vuelven a aparecer las piedras pintadas en el rincón del nordeste, en el territorio de Sogamoso, donde la más célebre es la de Gámeza, por cuya abra se precipita el río Chicamocha hacia las tierras bajas, invadidas hasta Covarachía por los Tunebos u otras tribus congéneres de la llanura oriental.

Interpuesta la gran Cordillera Oriental de los Andes entre la altiplanicie chibcha y la llanura que riega el Orinoco, las invasiones de ésta hacia aquélla eran de éxodo tenue y parsimonioso por las cañadas de los ríos que, naciendo en la altiplanicie o cerca de ella, atraviesan el macizo de esta formidable barrera. El río que satisface mejor aquella condición es el Garagoa, que en la llanura toma el nombre de Upín y que nace cerca de Samacá y que lleva en sus orígenes el nombre de río Teatino.

En toda la frontera oriental de los Chibchas hay pocas poblaciones cuyos nombres no están contaminados de algún mestizaje y solamente hay piedras pintadas en Ramiriquí que en lengua indígena se pronunciaba Rumiraqui, equivolente a "Tierra blanca", de donde proviene *Ráquira,* "Tierra de ollas". Es digno de notarse que las piedras que principian en Ramiriquí siguen río arriba en enumerable rosario hasta cerca de Samacá, como estableciendo la línea divisoria entre los dominios del Zaque y los del Zipa.

Por último, en el rincón suroeste de la altiplanicie chibcha en el Boquerón de Chipaque, hay un adoratorio en el paso que conduce a la cuenca del río Negro que entra a la llanura con el nombre de Guayuriba. Esta cuenca la ocupaba

el poderoso caciacazgo de Ubaque, tributario del Zipa. Allí también hay piedras pintadas cerca de Fosca, por donde se dice que entró Nemqueteba o civilizador. La hoya estrechísima del Guayuriba cordillerano daba acceso a los indios Caquexios de procedencia caribe. El encuentro de cráneos caribes en plena Sabana de Bogotá, en el río Tunjuelo al pie del Boquerón de Chipaque, comprueba esta inversión civilizadora siempre simbolizada en aquella leyenda.

Queda comprobado:

1º Que las piedras pintadas son obra de los Chibchas;

2º Que están situadas en las fronteras, y tanto exteriores como interiores de la Nación y algunos Cacicazgos, y

3º Que solamente se encuentran frente a los boquerones y puntos estratégicos de defensa.

CAPITULO IV

INFILTRACION DE MITOS

Pudieran comprenderse bajo el calificativo de mestizos todos aquellos petroglifos en los cuales hay eclecticismo en los motivos y carácter en los dibujos. Es de presumirse que estos petroglifos estén situados en los sitios de contacto de los Chibchas con sus vecinos, como en Pandi que está situado en territorio caribe; en las regiones de Tequendama, Saboyá y Gámeza, por ser boquerones de entrada al territorio chibcha, y dondequiera que la irrupción extraña pudo efectuarse por penetración lenta, con mezcla de sangres, confusión de mitos y contagio de costumbres, como en la intercordillera colindante con la llanura oriental. Rodeado así el recinto por elementos infiltrables, bien se comprende que tanto la demografía de la altiplanicie, como la mentalidad de los que iban ocupando el territorio no podían mantenerse puros. Así, puede asegurarse *a priori* que las inscripciones dibujadas por los Chibchas en sus piedras, las cuales hasta cierto punto deben considerarse como una cifra o exponente de su mentalidad, ofrecen un conjunto de ideas de muy complejos análisis. Aunque los primeros y los subsiguientes del codiciado territorio se propusiesen defenderlo por todos los medios posibles dentro de un régimen social contorneado con los caracteres de una nacionalidad, ora por la fijación de fronteras étnicas mediante el egoísmo racial de la tribu, ora por la constitución

de baluartes materiales guarnecidos de soldados, ora por reglamentos religiosos que procu-
rasen mantener incontaminados los mitos; las
relaciones de comercio necesarias a la vida económica del agregado, así como los meros con-
tactos individuales de pueblo a pueblo por una
infiltración en las fronteras, hacían ineficaces
todas aquellas precauciones, y la sangre porta-
dora de atavismos se mezclaba, las costumbres
se alteraban, las industrias se enriquecían y
se desintegraban, las instituciones se alteraban, la religión sufría quebrantos y los mitos
cambiaban de fisonomía y de poderes. Si los
petroglifos pretendieran sugerir ideas sobre todas o algunas de estas cosas, como es de presumirse, no queda duda de que en ellos aparece
una confusión inextricable, de casi imposible
análisis.

Por lo pronto tenemos averiguado que la gran
familia de los Caribes grababa con cinceles los
asuntos de sus petroglifos, operación laboriosa
que requería largo tiempo y una certeza previa
en los dibujos. Los Chibchas, de mayores recursos industriales y artísticos, lograron de un
modo sorprendente simplificar el procedimiento
por medio de la mera pintura con tintas indelebles. El descubrimiento y empleo de estas tintas es uno de los secretos científicos de este
pueblo inteligente. El excursionista contempla
la obra que han respetado los siglos, ante la
cual han sido impotentes los corrosivos agentes
atmosféricos, y cavila sin poder comprender el
artificio. Este misterio se asocia con los del
"amasijo del oro", la manufactura del cobre y
sus aleaciones, el dorado por medio de la yer-
bita prodigiosa y otras maravillas para envol-
ver la prehistoria chibcha con los cendales del
arcano.

La explicación que hemos encontrado del
asunto es sin embargo muy sencilla. Si se exa-
minan las piedras en que los Chibchas hacían
sus pinturas, se ve que todas son de arenisca,

de éstas que sirven para las construcciones de la altiplanicie y para los embaldosados de Bogotá. Cualquiera otra clase de piedras era rechazada para encomendarle la perpetuación de los jeroglíficos, y si por acaso fueron usadas en un principio para esto, la intemperie borró bien pronto los dibujos y perdieron su eficacia.

La característica de Puerto Cabello en la región de Tequendama. Piedra de la leona.

A vuelta de pocas tentativas, la experiencia les demostró a los dibujantes que sólo había una clase de piedra en cuya discreción podían confiar. No se vaya a pensar que las inscripciones en ocre rojo se perpetúan en un sillar, digamos muerto, de una edificación; es preciso que la piedra sea nativa, y por consiguiente, que esté sometida en cierta forma de lactancia a la génesis natural que la engendró. Las piedras areniscas de cantera tienen, en efecto, una exudación de sílice soluble que al contacto con aire forma un vidriado o barniz brillante que las envuelve. Sobre estas piedras de arenisca en condiciones digamos de vitalidad, era en las que los Chibchas hacían sus dibujos con ocre-rojo, o sea con una solución de arcilla ferruginosa, las cuales, si estaban defendidas de la lluvia, como las que hemos presentado como típicas en el capítulo anterior, bien pronto recibían el barniz de la sílice soluble que hacía indelebles las inscripciones puestas en ellas. Como comprobantes de esta sencilla explicación pueden verse en algunas piedras letreros españoles de reciente data, hechos con ocre rojo. En la hacienda de "La Cabaña" de propiedad del señor Francisco Corsi, en la Vereda de Tras del Alto, en el municipio de Tunja, puede verse uno de estos letreros españoles indelebles, escrito en magnífica letra cursiva. La piedra en que aparece esta reciente inscripción se la conoce en los contornos con el nombre de "Piedra Gorda".

El mito ofrenda una manta. Piedras de Facatativá.

Disfrazado con librea roja, un mito que hizo su entrada al Continente por Puerto Cabello y que vino con éxodo hasta Fusagasugá, se presenta como dueño de casa en la región de Tequendama, donde aparece en una hermosa piedra que por su aspecto denominan las gentes

"La leona" y que nosotros la llamamos "de los mitos", por el grupo de símbolos que contiene. Allí se ve el hombrecillo estilizado o esqueleto humano en desempeño de funciones, ora sentado, como tejiendo unas grecas en la parte superior del dibujo, ora impulsando dos soles, de once y ocho radios, al costado izquierdo, ora con un mechón de trementina en la mano difundiendo un incendio.

Aparece nuevamente este mito forastero en Facatativá, en la piedra de la Núñez, en una larga inscripción ya borrada, pero que se conserva en el Album de la Comisión Corográfica de 1850. Allí el hombrecillo estilizado lleva en las manos una manta, obra predilecta de la industria chibcha.

Se le vuelve a encontrar en la "Piedra del Diablo" de Sutatausa que conoce el lector, en la cual impulsa hacia arriba, donde se agrupan los mitos ante la luna, una bella esquinera de grecas, primorosamente adornada, como para tejidos de lujo.

Resurge con dos cabezas en la piedra del "Adoratorio de Indios" de Ramiriquí, escalando el nicho de una divinidad y con una inscripción paleográfica, como lo veremos en el capítulo siguiente.

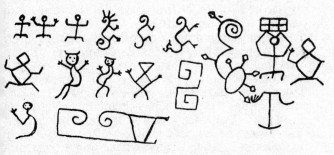

Los mitos de "El Bujío". Municipio de Corrales.

Y, por último, se le encuentra en el lindero opuesto del país de los Chibchas, hacia el Boquerón de Tópaga, y está tanto en la célebre Piedra de Gámeza, como en el "Nicho del Bujío" en el Municipio de Corrales, a la orilla del río Chicamocha, en propiedad del señor Francisco Reyes.

El nicho está formado al natural por cinco lajas, a modo de las casitas de naipes que hacen los niños, y está situado en la cúspide de una empinada roca vertical, a cuyo pie brota una fuente de agua sulfurosa que cae al Chicamocha. Desde a caballo, en medio del río, mirábamos con el binóculo el techo de la cueva sin poder copiar en tan incómoda posición el complicado jeroglífico que la adorna. Para satisfacer nuestra ansiosa curiosidad, el señor Reyes lanzó su soga de gaucho llanero y enlazó un picacho de la roca; prendió por ella como un acróbata y nos arrojó la punta con la que nos atamos, y nos subió como un fardo. Para esta proeza de nuestro guía podemos ufanarnos de que acaso somos los primeros exploradores de aquel tabernáculo de la mitología chibcha.

Allí la figura cuya traza rastreamos, hace parte de una formación enfilada de otros mitos de origen caribe, que reaparecen en la piedra de Gámeza y en las de Duitama, y tiene un pequeño apéndice caudal adquirido en su éxodo por el Trópico, a imitación de los simios que por sus selvas abundan.

Dice el señor don Carlos Cuervo Márquez en sus *Orígenes Etnográficos de Colombia*: "Entre Duitama y Santa Rosa, en el pintoresco sitio de Chiticuy, hay una piedra con figuras grabadas que parecen de origen caribe, pues es sabido que los Chibchas hacían jeroglíficos pintados". Con esta extraordinaria noticia emprendimos un viaje hacia el sitio indicado, y no solamente encontramos una, sino varias piedras grabadas, comprobatorias de nuestra aseveración sobre mestizaje, con figuras en líneas curvas que recuerdan las de formas geométricas usadas por los Chibchas, lo que demuestra cómo el invasor, avezado en métodos de conquista, no solamente impuso sus leyes sobre el país invadido sino que acogió los mitos del vencido para mejor sojuzgarlo. Como muestra reproducimos la figura adjunta, la cual en la simplicidad de sus rasgos no tiene más importancia que la de ser grabados y tener analogías de estilo con los dibujos chibchas, no siendo exactamente igual a éstos.

Piedra caribe de Duitama.

En dicho viaje continuamos nuestras exploraciones hasta Gámeza, con el objeto de estudiar la célebre piedra de este nombre copiada en el *Album de la Comisión Corográfica,* y tuvimos la sorpresa de ver que ella representa una especie de transacción de mitos entre la nación invasora y la invadida, con la circunstancia interesante de que allí, por una complacencia recíproca, aparecen las figuras no solamente grabadas sino pintadas en rojo al mismo tiempo. Este propósito transaccional, claramente manifestado en el asunto del jeroglífico, nos ha inducido a darle a esta piedra el carácter de sitio de ferias.

Los dos mitos fundamentales de los Chibchas, la rana que le es propio y el mono sin cola que acogieron de los Panches, alternan y se mezclan en esta piedra simbólica del mestizaje, con un mito nuevo, desconocido por los americanistas y que no vuelve a aparecer en ninguna parte. Este mito raro parece un leoncillo rampante, coronado con cuatro púas, y predomina en la festiva mezcolanza.

A dos cuadras al oriente del monumento en cuestión, aparece el mismo mito grabado, sin colores, en una pequeña piedra, en dos ejemplares recíprocos que se enfrentan y tienen en medio un pequeñuelo de larga pata que se antoja su hijo o su obra; al pie de este grupo hay dos rasgos más que forman con los anteriores el conjunto de jeroglífico. La Comisión Corográfica no tomó nota de esta sencilla agrupación, que probablemente completa y explica el asunto de la piedra monumental de Gámeza, y por eso la reproducimos como un documento que puede servir en posteriores estudios comparativos.

Piedra de Gámeza.
Mitos caribes y chibchas grabados y pintados.

A despecho de la antojadiza interpretación que el doctor Manuel Ancízar le dio a la piedra de Gámeza en su famosa *Peregrinación de Alpha,* quien le asigna el papel de monumento conmemorativo del desagüe de los lagos de Tundama por la brecha del río Chicamocha, nos atrevemos a insistir en que ella conmemora la amistad comercial entre dos naciones limítrofes: al norte los peregrinantes de la llanura oriental que en singular éxodo invadieron el macizo cordillerano al contorno del nevado de Güicán; al sur los Chibchas que ocupaban las fértiles y hermosas planicies de Boyacá.

Entre Miranda y Aragua, en Venezuela, sobre el río Altagracia, hay unas piedras grabadas por los quiriquíes o chiriquíes, los cuales hicieron su entrada por el Golfo de Maracaibo, de cuya migración hacia el corazón del Continente se ocupa el Padre Simón en el primer volumen de sus *Noticias Historiales*. La característica de estas piedras es la representación de calaveras humanas, como una ritualidad fúnebre de la religión de los muertos. Por esta singular característica hemos podido comprobar la huella de aquella migración que subió por el río Magdalena y por el Orinoco y sus afluentes hasta la cumbre de la Cordillera Oriental de los Andes. En la hacienda de "Las Granjas", Municipio del Colegio, encontramos una piedra enteramente cubierta con calaveras grabadas, y el señor don Nicasio Galindo hizo copiar otra análoga situada en el páramo al oriente del Municipio de Ramiriquí. Tenemos noticia de dos piedras intermedias de aquellos itinerarios, emplazadas la una en Tamalameque y la otra en Casanare, en el sitio de Corozal, al pie de la cordillera.

Mito de Gámeza, de procedencia oceánica.

La característica fúnebre evolucionó, y al penetrar por Ramiriquí al territorio chibcha, trocó el grabado por la pintura en rojo en el sistema de su representación. Está demostrado en el curso de esos apuntes que las creencias religiosas de los Chibchas les prohibían representar la figura humana en las piedras sagradas, si no fueran idealizándola por medio de rasgos geométricos romboidales, y sin embargo, por una excepción aparecen calaveras pintadas con tinta roja en las piedras de Ramiriquí.

El culto de los muertos, origen de las religiones orientales, aparece así iniciado entre los Chibchas, quienes recibieron con él una nueva doctrina por el portillo de la cordillera abierto hacia la llanura de Casanare, por el río Garagoa. Como desarrollo natural de esta doctrina religiosa aparece en la orilla del mismo río, que allí se llama Teatinos, pocas cuadras arriba del Puente de Boyacá, un jeroglífico muy expresivo en una piedra que llamamos del *Infierno*, a causa de su contenido. En el primer término de la derecha, se ve una tribuna, desde la cual predica un sacerdote ideal con cara de zancudo el cual lleva en la mano una arma dentada semejante a un tenedor, como para agarrar con él a los oyentes. Amenaza a un personaje, sin duda ilustre, porque usa báculo y depende de un estandarte. Al respaldo del predicador se desarrolla en símbolos netos el asunto del sermón: abajo las almas de los réprobos en tinta llena, en medio de las llamas purificadoras; arriba las almas redimidas y encima de todo una expresión paleográfica de tres cifras, que probablemente significa el cielo.

También por los lados de Ramiriquí, en una piedra que allí llaman *el grande adoratorio de los indios*, hay otra figura humana en el sarcófago de un cacique, incorporada en una inscripción hecha en su honor y para perpetua memoria de sus hazañas.

Esta excepción en el rito implica un cisma en las creencias religiosas y una disidencia en las instituciones políticas de los de Ramiriquí, y con ellos, en la región que fueron sojuzgando, por Turmequé, Samacá y Ramiriquí. El Cacique de Ramiriquí trasladó con gran pompa su sede a Hunza, quién sabe a costa de cuántas batallas; pretendió construír en su antiguo pueblo un templo de piedra, innovando así la rústica arquitectura chibcha, y decidió más bien hacerlo en el dulce y tranquilo valle de Zaquenzipa, donde hoy está la Villa de Leiva, cuando lo sorprendió la conquista española.

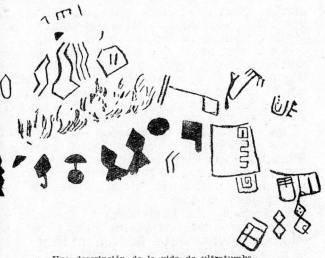

Una descripción de la vida de ultratumba.
Región del Puente de Boyacá.

Otro rastro del mestizaje que sufrió el pueblo chibcha por la invasión oriental, está en las diferencias que notaron los españoles entre el lenguaje de los de Bogotá y los de Tunja, diferencias que alcanzaban en Duitama a la categoría de dialecto. Es sabido que la letra *R* no existe en la lengua chibcha pura, y son Ramiriquí o Rumirraquí, por donde entró esta invasión, y Ráquira por donde siguió cruzando el territorio, los contados nombres geográficos en que se encuentra esta letra. Las palabras *Duitama* y *Tundama* en que aparece la *D* no usada tampoco en la lengua chibcha, pertenecen al dialecto *duit,* del cual se ocupa ligeramente el doctor Uricoechea en la introducción a su gramática, y es digno de observarse que en el extremo sur del país de los Chibchas aparezca el nombre *Tequendama,* palabra que se enlaza con aquellas otras dos por la tradición de un éxodo.

Los Laches, confinantes por el norte con los Chibchas, vivían hermanados con los Achaguas de la región oriental que baña el Orinoco, según lo observa el historiador Piedrahita (1) quien dice, además, que tenían el culto de las piedras, "porque decían que todas habían sido primero hombres, y que todos los hombres en muriendo se convertían en piedras, y había de llegar el día en que todas las piedras resucitasen hechas hombres". El Padre Simón (2) consigna una importante tradición de los Chibchas en lo que concierne a las migraciones y al culto de las piedras. Dice la tradición que por huír de las sanciones de su madre, por incestuosos, Hunzahua y su hermana, en tiempos muy remotos abandonaron las tierras estériles de Tunja y siguieron el curso de una saeta que los guiaba en su marcha.

En Susa dio a luz la manceba un niño, al que dejaron convertido en piedra. "Libres ya de esto, agrega el cronista, pasaron adelante, con la misma guía de flecha, y llegando por estas tierras de Bogotá, cerca del pueblo de Ciénaga, por bajo del salto de Tequendama, al pasar el río les pareció ser mucho el cansancio y camino que traían, y que hallándose en tierra ajena habían de ser mayores, determinaron convertirse en dos piedras que hoy están en la mitad del río".

No obstante lo que nos insinúa la moraleja de la anterior leyenda para la fijación del rumbo seguido por la migración civilizadora que invadió el territorio chibcha para infundirles a los autóctonos su mitología, para imponerles sus instituciones y para enseñarles sus artes, la cual, según todas las probabilidades, tenía procedencia asiática y entró por el oriente; en el presente capítulo el curso de nuestra relación nos ha obligado a darle un camino inverso a un mito que consideramos fundamental en la ideología de los Chibchas. Sirva esto de explicación a esta disculpable anomalía.

---

(1) Cap. II, pág. 10.
(2) Noticias Historiales, Cap. XI.

CAPITULO V

PIEDRAS SAGRADAS

Son tesis discutidas las de que las migraciones pobladoras suben de las llanuras a la montaña y las de que las civilizaciones descienden de las montañas a la llanura. Lo que sí parece evidente es que el sentimiento religioso de los hombres se aquilata y pondera en una atmósfera enrarecida, propicia a la melancolía, en la cual las ondas sonoras se propagan lentamente para producir un silencio solemne que invita a la oración y al recogimiento. Como consecuencia de esta actitud meditabunda, ya hemos visto cómo el paisaje lacustre de nuestra altiplanicie sugirió una mitología original, a cuyo amparo se desarrolló la civilización chibcha.

La psicología de los hombres de la llanura y de los valles bajos no es muy propensa a la constitución de Olimpos. Los cronistas y misioneros informan que las tribus del litoral y las de la hoya del Meta carecían en su mayor parte de nociones teológicas. Como comprobación de este aserto pueden presentarse los motivos de fácil interpretación de los petroglifos caribes que grabaron los Panches al aposentarse en el alto valle del río Magdalena, en los cuales sólo se descubren escenas de la vida humana. En un capítulo anterior hemos contemplado el éxodo de un signo fundamental de aquella pictografía, desde las costas del Océano hasta la tierra de promisión de la altiplanicie, representativo del hombre, que al violar las fronteras cae de hinojos para tributar ofrendas a los dioses chibchas.

Las tribus en éxodo, bajo el calor abrumador del Trópico, habían oído hablar del oasis donde rumora la canción eterna del *suaty* y decían para alentarse en su marcha que allí estaba la "casa del Sol" (Suamox), cuyas fachadas cubiertas con láminas de oro resplandecían a la hora del crepúsculo. Al pie de las columnas del *Huan* que rodeaba este tabernáculo sublime, bailaban en el mes azul de diciembre los trece sacerdotes lunares la danza del año. Desde lo alto de la colina de Moniquirá (1) pronosticaba el Pontífice legendario las lluvias bienhechoras. Una carretera de doscientas leguas de largo atravesaba la inmensa llanura oriental, para conducir a los peregrinos del Orinoco hacia aquel Santuario Máximo; pero las primeras odiseas, efectuadas hacia el principio de los tiempos, fueron dolorosas y lentas, y así los cadáveres de los ancianos de las tribus migratorias marcaron el sendero con sus huesos convertidos en piedras. En piedras sagradas también se convirtieron, por haber pecado, Hunzahua, hijo del Sol, y su hermana, así como el fruto de sus amores incestuosos. Tal fue el origen del culto de las piedras.

Doloridos en su mansión de sombras, los antepasados solían regresar a quejarse dentro de la roca funeraria y en sus lamentos, que el huracán traía de los altos peñascos, pedían ofrendas propiciatorias para aplacar la cólera del Sol. En las cavidades que la gota de agua horadó en el monolito, arrojaban los Chibchas fetiches de oro, esmeraldas y piedrecillas brillantes, a su paso por los caminos solitarios, donde el suspiro del aire les pedía una oblación de piedad. El hado les negaría sus favores si

---

(1) Conviene tener en cuenta que hay cuatro sitios en escalonamiento con el mismo nombre: en Labranzagrande, en Sogamoso, en el Valle del Infiernito y en Moniquirá.

dejaban de pagar este tributo al misterio. Como un vestigio de esta práctica piadosa, podemos ver todavía sembrados de crucecillas los boquerones por donde cruza el caminante indígena, en viaje a la feria lejana o en peregrinación devota al santuario milagroso. No lejos de Moniquirá, en el sendero que conduce a la Capilla del Santo Eccehomo de Leiva, hay una laja inclinada en la cúspide de un barranco que la lluvia ha socavado en forma de túmulo, llamada la "Piedra de la Fortuna", sobre la cual todo pasajero arroja una guija para inquirir la buena suerte: si el guijarro se detiene y permanece sobre la losa inclinada, es una señal de buen augurio.

Sitio propicio de hallazgos para los *guaqueros* es el arranque de las piedras pintadas, donde su instinto les dice, sin mayores disquisiciones arqueológicas, que aquellos fueron altares, y sin ponerse a considerar si los jeroglíficos de tinta roja expresan una plegaria, hacen un hoyo al pie y suelen encontrar dijecillos de oro.

Desde la cuchilla que oprime por el costado oriental el portillo del Alicachín, por donde se precipita en raudales el desagüe de la Sabana antes de lanzarse al Tequendama, se columbra por uno y otro lado un panorama lleno de majestad y de agreste poesía. El turista que hoy hace la excursión en ferrocarril contorneando el rocoso desfiladero, puede darse cuenta de la religiosa emoción que experimentarían los Chibchas al llevar en literas suntuosas sobre sus hombros en procesión solemne al niño incontaminado que debía servir de holocausto supremo para propiciar a la divinidad cada quince años. Allí sobre aquella serranía erizada de crestas, ante un escenario majestuoso en que imitan los ecos el rumor de la catarata, como un responsorio de los inmortales, se sacrificaba al Moxa y con su sangre se rociaban las piedras sagradas para redimirlas del pecado de Hunzahua y su hermana, los incestuosos hijos del Sol. Como Hunzahua, la víctima redentora debía hacer un largo viaje y debía ser ungido con los óleos sacerdotales en un templo lejano, de allende la cordillera, llamado *mox* o "morada divina".

En la hacienda de Tequendama, sobre la cuchilla de El Alto, pueden verse las aras de sacrificio. Son unas piedras planas, con cierta inclinación, como para que corra sobre ellas la sangre de la víctima, y colocadas natural o artificialmente mediante un trabajo incomprensible por lo formidable, sobre cuatro piedras boludas que les sirven de apoyo, formando así un estrecho recinto que debió de servir de guarida a un Jeque adusto y sombrío, verdadera alimaña humana que pasaba la vida allí haciendo penitencia. La cifra aislada que en tinta roja señala estas piedras, se nos ocurre simbolizar el nombre o la jerarquía del victimario.

Como sitios especiales de adoratorio de consagración oficial y solemne, aparte de las numerosas piedras de devoción ocasional, pueden clasificarse en la Sabana de Bogotá dos muy notables: el de Bojacá o Moxacá y el de Facatativá, designado por la tradición con los nombres de "Piedras de Tunja o Hunza" y "Cercado del Zipa". Forma el primero un conjunto de siete enormes monolitos cubiertos de jeroglíficos enredados y confusos, entre los cuales sorprende uno que representa un carro de rueda tirado por un dragón. El nombre del sitio en que están estas piedras indica su aplicación religiosa: se llama *Chunubá*, palabra cuya traducción es "Ermita o pequeño templo". La piedra central de esta agrupación tiene como particularidad notable una macla elíptica o nicho natural, orlado con primorosos dibujos de casi imposible reproducción, si no es por fotografía, procedimiento de que tampoco pudimos hacer uso cuando visitamos el sitio en compañía de su propietario, señor Pablo Rocha, porque están las líneas muy vagas y entremezcladas con líquenes de piedra. Si ponemos en relación este nicho, tan esmeradamente adornado, con el símbolo del carro mitológico del dragón, acaso lleguemos a adivinar su aplicación como refugio de una entidad invisible que viaja por los aires. ¿Cuál fuera esa deidad, que tampoco ocupa lugar en el carro vacío? Aunque la concordancia, un tanto antojadiza entre estos dos objetos no fuera viable, subsiste la conclusión de que a los Chibchas les merecían altares ciertas divinidades incorpóreas que, como todas las de su olimpo, carecían de representación antropomórfica. En otras piedras de adoratorios los huecos naturales que formó en ellas el remolino de las aguas sirven de centro de concurrencia de las figuras. Por lo demás, las ceremonias y ritualidades que se cumplieran en el cercado de Chunubá pasaron inadvertidas para los cronistas y por eso no hay noticia alguna de ellas.

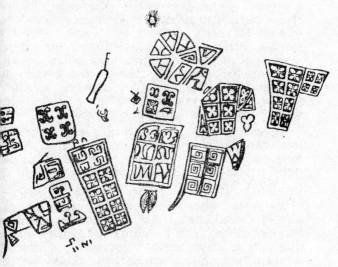

Adoratorio de Pandi, donde se ofrendaban tejidos y otras labores al Sol.

El "Cercado del Zipa", en Facatativá, ofrece todos los caracteres de adoratorio y de lugar de sacrificios. Allí está la gran piedra de platafor-

ma para los sacrificios, con su cavidad al pie
para residencia del Jeque oficiante; allí los
enormes cantos erráticos cubiertos de jeroglíficos forman un recinto encerrado en el que
se aspira un hálito de cenobitismo y un silencio que invita al recogimiento del espíritu; allí
están en leyendas indescifrables los misterios
del dogma chibcha. Cuenta la tradición que al
amparo de aquellas divinidades tutelares se re-
fugió para suicidarse, ante el infortunio de sus
armas, el último de los Zipas.

Seguían, después, los Chibchas en su predilección por las piedras para constituírlas en altares al aire libre, la práctica primitiva de las
tribus de otras latitudes que desde la más remota antigüedad se dejaron impresionar por la
veneración y el pavor que inspiran al habitante
solitario de los campos. En Europa los Celtas
dejaron los vestigios de sus ritos sanguinarios
en las piedras druídicas. Y en el Asia, lo mismo
que en México y el Perú, los templos con sus
formas piramidales, sus escalinatas en rampa
y sus plataformas encumbradas donde se celebraban los sacrificios, fueron el resultado de
una evolución lenta de los adoratorios sobre
peñascos en cuyas eminencias se creían los
sacerdotes más cerca de la divinidad.

En estos adoratorios parece que las oblacio
nes eran de carácter sanguinario con el sacri
ficio de víctimas humanas. Pero según se de
duce por las pinturas, había otros en que se
hacían ofrendas industriales.

En el de Pandi estas ofrendas están dedica
das expresamente al Sol, en enormes estratas
que por causa de un hundimiento geológico han
quedado al descubierto y aisladas, las cuales
ofrecen un amplio plano vertical, donde los ar
tistas ejecutaron paciente y primorosamente
sus grandes dibujos, valiéndose para ello de
elevados andamios. El sitio es lúgubre por lo
atormentado del suelo, en cuyas anfractuosi
dades y bloques sueltos se ven las manifesta
ciones del cataclismo. El observador que ascien

232

de por las aristas de estos bloques sueltos, dispersos en confusión al pie del enorme monolito, se siente anonadado ante la magnitud y ante la solemnidad agreste del formidable peñasco, en cuya cumbre muge el viento con dolorido lamento.

El efecto estético de la pintura contribuye a darle majestad al conjunto y embarga el pensamiento del observador. En la parte superior, dominando el grupo de las figuras, aparece el Sol con fisonomía humana, orlado de simétricos rayos. Sube hacia esa suprema divinidad de los Chibchas un pájaro simbólico, cuya cabeza figura una *F*, como portador de la ofrenda.

Esta consiste principalmente en mantas hermosísimas decoradas, en tableros con cifras paleográficas de semblanzas griegas, en estandartes cubiertos de arabescos simétricamente colocados y en otras figuras que parecen representar fraguas u hornillos de platería. Tal es la principal agrupación de tributos industriales consagrados al Sol. A uno y otro lado de este conjunto hay sendas agrupaciones de otros caracteres, en donde aparecen la rana y el mono sin cola, los cuales constituyen un orden de mitología que sería prematuro analizar en este momento. En el grupo de la derecha están en combinación con este sistema mítico, un telar y otra manta menos decorada que las anteriores, como ofrenda secundaria.

En un monolito distinto situado en el mismo sitio de Pandi, se repiten las figuras de telares con primorosas urdimbres de tejidos, peines aplicables a la manufactura y muestras de dibujos con igual aplicación, así como crisoles y otros utensilios de orfebrería. También aparecen mezcladas en este grupo figuras de animales anfibios que llaman la atención del investigador, como un cangrejo y una tortuga, así como algunos signos alfabéticos, de aspecto netamente paleográfico, como la *I* y la *F*.

En esta misma piedra, a uno y otro lado de las ofrendas industriales que en forma figurada

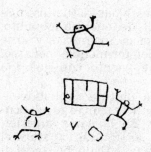

El alma de los hombres convertida en rana.

se tributan al Sol, hay sendos grupos accesorios en que aparecen la rana y los monos sin la cola como representativos del hombre.

El grupo del oriente consta de cuatro figuras principales que en su conjunto sugieren una idea del sistema religioso de los Chibchas. Ocupa el centro el diseño de una casa con su sala y dos aposentos laterales, subdividido el de la derecha, y con un cuadratín cerca del rincón inferior el de la izquierda, en representación de la casa, como si fuese la alcoba. Sobre este edificio hay una rana en actitud de saltar y al pie de estas dos figuras hay dos individuos en posición exclamativa.

El grupo del occidente se desarrolla al pie de la cavidad característica, residencia de la divinidad, y lo constituyen un telar y una manta como objetos de ofrenda, los cuales parecen ir subiendo impulsados por un sapillo. Otra rana sigue a continuación, a cuya mano derecha hay dos rayitas verticales y a su izquierda cuatro. Cuatro individuos en posiciones varias, uno de los cuales sin cabeza y mutiladas las manos y un pie, y otro en actitud de parto.

Sin entrar en interpretaciones infundadas, cualquiera encuentra en estos dos grupos una intención representativa.

La mayor parte de las piedras pintadas por los artistas chibchas siguiendo la tradición Nemqueteba, sólo exhiben dibujos y decorados en forma de grecas y cenefas, más o menos enredadas, que acusan en veces una divagación mental en sus autores.

En la Piedra del Diablo, de Sutatausa, que ya conoce el lector, las grecas muy claramente delineadas, parecen estar dedicadas a la Luna (pues el astro que corona el dibujo carece de rayos solares) y están ofrendadas por interposición de mitos exóticos.

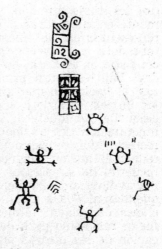

Ofrenda industrial presentada por tres monos y tres ranas en Pandi.

Pero hay una multitud de piedras que alardean de obras de arte, con dibujos complejos, digamos abstractos o de mero efecto estético de primorosa armonía en su conjunto y que constituyen el complicado a d o r n o de aquellos altares al aire libre o el marco de los nichos, donde pernoctaban las enigmáticas divinidades aéreas. El estilo de estos dibujos, resultado de una emoción religiosa, tiene un carácter *sui géneris* que denuncia la embolismática psicología de los Chibchas.

Tal vez ninguna de las divinidades a quienes los indios atribuían influencia en su destino y poder en la naturaleza aparecen (por lo menos francamente representadas) en las piedras pintadas: acaso fuera el ritual no presentarlas tampoco a la presencia del dios supremo, como sucedía con la figura humana.

Chiminigagua, dios creador, en cuya masa esférica estaba encerrada la luz, de donde la difundieron unas aves negras al Sol, la Luna y las estrellas, no recibía culto sino en sus criaturas, el Sol y la Luna su esposa; Chibchacun, amigo de los Chibchas y sustentáculo de la Tierra, la cual pasaba de un hombro a otro para descansar, con lo que originaba los terremotos, no obstante lo figurado de la idea, no aparece en las piedras para recibir culto; Bachué, madre del linaje humano, tampoco aparece claramente en las piedras, a no ser que se la quiera representar en las culebras; Huitaca, la venus tentadora y perversa, a quien Chiminigagua convirtió en lechuza, no se descubre en las piedras bajo esta tan gráfica expresión; Idacanzás, el hechicero que anunciaba las sequías y las lluvias, sacerdote Sumo de Sogamoso y sucesor de Nemqueteba, con todo y excitar la imaginación de los Jeques, sus imitadores, no mereció una consagración en las piedras pintadas; el mismo Bochica, tampoco mereció el recuerdo de su persona en las piedras, por la maravillosa creación del Salto o cascada de Tequendama. Todas estas y muchas otras limitaciones de origen mitológico, acaso sirvan con mejor raciocinio para definir la verdadera aplicación de las piedras pintadas.

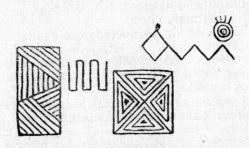

Bellos tejidos que ofrece Tomagata
(Hacienda de "El Vínculo").

No obstante las anteriores limitaciones de máxima importancia, aparecen en las piedras multitud de figurillas de mínima categoría en el orden mítico. El lagarto, por ejemplo, mito de procedencia caribe, aparece en las piedras de la Núñez, en Facatativá, y en las de "Bujío" o Bohío, en Corrales. Sobre la adopción del mono con cola que aparece también en varias piedras, es digno de notarse el hecho de que se le rindió culto en una colonia chibcha en la frontera de Tenasucá, la cual subsistió hasta nuestros días como resguardo de Bojacá, cerca de la laguna de "Pedro Pablo", sitio de recreo del Zipa. En medio de este Resguardo había una piedra con la figura, no ya pintada sino grabada, de un mono con la cola entorchada, sin más accesorios ni adornos, a usanza caribe. Se comprende que esta colonia chibcha tuvo que avenirse con el rito de sus vecinos los Panches, para hacer las paces con ellos.

Innumerables son en las piedras las figuras sueltas de aspecto mítico, aisladas o con adornos votivos. En las de Facatativá aparece en lugar muy visible un voto consagrado a seis culebras coronadas, en el cual se les ofrecen presillas adornadas con flores. En otra piedra del mismo cercado está la imagen del Sol, suspendido sobre la serranía. Allí también está sospechado, el monstruo Tomagata, con uno de sus ojos empañado, en representación de la Luna y el otro con pupila, en representación del Sol y con sus cejas formadas por cuatro rayas, como lo describe la leyenda.

Interesante y sugestivo simbolismo.

En la piedra llamada vulgarmente de "La Iglesia", en la hacienda de San Benito, cerca del pueblo de Soacha, hay multitud de figurillas en dispersión, de aspecto mítico entre las cuales llama la atención una que parece un cerdo con la cabeza triangular erizada de rayas, muy donosamente sentado en una silla y con una pata montada sobre la rodilla como un lechuguino.

No lejos de aquella piedra hay otra en la cual aparece el mismo mito en actitud de lanzar al espacio un huevo con cuatro círculos concéntricos. La misma idea, aunque más expresiva, está representada en otra piedra de la hacienda de "El Vínculo", en Soacha, por medio de un individuo con cabeza y dorso romboidales, de cuyas manos han salido sucesivamente cuatro huevos, sobre los cuales se cierne un dragoncillo. En la misma piedra hay otro jeroglífico en que vuelve a aparecer el ojo de Tomagata sobre unos cuadriláteros subdivididos en diagonales, como evocado por un individuo de cuerpo cuadrado, situado al extremo de una serranía.

Mil fantasías fatigantes por el mismo estilo, creaciones de la sobreexcitada imaginación de los Jeques o sacerdotes que guardaban estos

¿Será esta una idea de la Creación?

santuarios, desafían hoy la interpretación de quienes pretenden descifrarlas. Cuidadosas precauciones deberán observarse, por consiguiente, para no extraviarse en la investigación.

CAPITULO VI

EL JEROGLIFICO CHIBCHA

El mito del Agua procedente de las lagunas que llenaban el paisaje, dio origen a la organización civil del pueblo chibcha, con su jerarquía gubernativa, su régimen tributario, su industria, su código de moral y su legislación, según queda demostrado en la primera parte del presente libro; y al amparo del mismo mito fundamental debió de desarrollarse una serie lógica de ideas matrices de la psicología de este pueblo de fantástica imaginación.

Se ha dicho sin mayor fundamento que la rana, hija de la laguna, indica en las inscripciones chibchas abundancia de agua y principio de invierno en el calendario. El estudio de tales inscripciones, en concordancia con las fábulas y con el idioma, puede conducir al descubrimiento del significado verdadero de este símbolo, tan generalizado en los petroglifos de la altiplanicie. Recordamos al efecto que, según la leyenda transmitida por los cronistas, el origen de la especie humana tuvo lugar en la laguna de Iguaque, de donde salió la primera pareja de hombres a poblar la tierra y adonde regresaron los dos esposos transformados en culebras, después de haber cumplido su misión. Aquí se ve que existía entre los Chibchas, como entre los hindúes del Asia, la crencia en la transmigración de los hombres y tal es el fundamento del culto que, según se ve en las piedras sagradas, les rendían nuestros aborígenes a las culebras como una reminiscencia de su migración por el Llano, donde conocieron el boa, formidable señor de ciénagas y pantanos, exótico en la altiplanicie.

Conducción
de una ofrenda.

Bachué era el nombre con que ponderaban los Chibchas a su prolífica Eva refundida en las lagunas. En las lagunas hacían, pues, radicar el germen fecundo de la vida y en ellas permanecía latente la esencia vital. Sobre la base de la transmigración, los animales vivos que salían de la laguna participaban del alma integral de la especie humana que agitaba la linfa. Para estos indios supersticiosos la contemplación de las ranas que croaban con ternura de párvulos en los juncales que azota la ola debió de sugerirles grandes analogías con el hombre no solamente por su filiación, como hijas de la misma madre, sino por su figura y movimientos semejantes. Una rana aposentada en el extremo de un junco, cantando melancólicamente a la caída de la tarde, debía de hacerles pensar a los piadosos indios en la nostalgia celestial de sus propias almas, confinadas en las lagunas como en un lugar de expiación de su muerte.

Los ardores del sol durante los largos y asoladores veranos de la altiplanicie de Bogotá, con el agotamiento de los pantanos, hacen desaparecer las ranas. Creían por esto los indios que el Sol se alimentaba con ellas, de donde resulta el expresivo nombre de *ie-súa* "alimento del Sol"; con que las bautizaron. No era material, probablemente, sino espiritual este alimento, puesto que en el lodo quedaban los cadáveres de las ranas; aquella nutrición del dios sólo representaba la reincorporación de las almas a su principio eternal y divino.

A falta de Moxa, mensajero enviado al Sol cada quince años, cuyo cadáver era expuesto sobre las rocas para que el dios lo devorase, las ranas dentro de cuyos cuerpos aguardaban los hombres su resurrección eterna, desempeñaban el encargo de llevar sus oraciones y sus ofrendas. Como se ve en las piedras de Pandi, eran las ranas las conductoras de los presentes industriales de los Chibchas. En las piedras de Facatativá hay dos modestos jeroglíficos representativos también de este encargo de las ranas: uno de estos mitos a tinta llena, desplegados sus brazos

Cuatro ranas conducen en diputación una corona de Cacique.

en ademán suplicatorio, lleva tras de sí tres hermosos dibujos de mantas que un fetiche, de cabeza romboidal y aguda cola, ayuda por el costado izquierdo a impulsar con actitud expresiva. En la misma piedra aparece una diputación de 4 ranas, la última de las cuales sin cabeza, conduce la ofrenda de una corona de cacique o gran señor. En la gran piedra de "El Carraco" de la hacienda de Tequendama, hay también un cortejo de ranas que llevan la ofrenda de 3 animales cuadrúpedos con aspecto de perros torpemente pintados. Muchos otros ejemplos se podrían aducir para demostrar que la rana desempeña el papel de símbolo del alma humana en los jeroglíficos chibchas.

El símbolo equivalente entre los Caribes era el mono, el cual aparece indefectiblemente en las piedras Panches. Del examen de estas piedras se deduce, en efecto, que el mito sustitutivo de la rana en sus funciones transmigratorias era aquel simio, más semejante a los hombres que ésta y muy abundante en los bosques del Magdalena y sus afluentes, por los cuales navegaban, continente adentro, los hijos del océano. Pero ante la oscuridad de la mitología caribe, no se puede asegurar qué especie de fantasías teológicas habían concebido aquellos hombres en relación con la vida futura.

Aparece también en las piedras sagradas de los Chibchas otro símbolo de mayor semblanza humana como representación completa del hombre, no ya en transmigración anímica, sino en su propio esqueleto formado por líneas simples. Generalmente tiene abiertos los brazos, en cuyas extremidades están las manos; la cabeza es un pequeño círculo; el cuello baja en línea recta por la columna vertebral, que en veces se abomba hacia el abdomen hasta el arranque de las piernas, las cuales están dobladas en la rodilla en ángulo más o menos agudo, según la expresión de ánimo que deban representar. En las piedras chibchas este emblema aparece con menos frecuencia que la rana y su papel es secundario. Como puede observarse, la figura humana que los artistas indígenas fueron muy capaces de imitar en orfebrería y cerámica, no aparece en las piedras sagradas sino por una excepción en las de Ramiriquí, y eso tiene su razón de ser en la etiqueta de los déspotas, quienes pretendían hacerse pasar como representantes del Sol en la Tierra; y así como éstos no permitían que sus súbditos se les presentasen de frente, so pena de fulminarlos con sus miradas, así tampoco en las piedras dedicadas a la divinidad podían aparecer las figuras naturales de los hombres. El esqueleto humano, despojado de carnes y facciones, es como el trasunto del hombre que puede presentarse ante Dios sin causarle ofensa. En la inscripción de la derecha del "Adoratorio de indios" de Ramiriquí hay uno de estos emblemas humanos con cuatro brazos, como significando la actividad y el poderío del Cacique a que se refiere el elogio, quien aparece en otra región de la misma piedra rodeado de numerosos atributos, como se ve en el dibujo adjunto. Otro hombrecillo de dos cabezas, en una piedra cercana a la anterior, escala el nicho del dios para depositar su ofrenda, como indicando que este privilegio sólo le estaba reservado a quien poseía

Biografía de un cacique de Ramiriquí.

una doble potestad. Por estos y otros casos que sería largo enumerar, se comprende que el emblema del hombre estilizado desempeña en las inscripciones un papel de fácil interpretación. No así respecto de la figura de la rana, la que al natural y en forma concreta, como en las piedras mencionadas anteriormente, es también de actuación clara; pero que en sus diversas transformaciones gráficas va oscureciendo y complicando su función en las inscripciones, como que representa una entidad abstracta.

El origen del jeroglífico fue la necesidad de representar la acciones humanas en escenas más y más complicadas, hasta llegar a pretender la relación de acontecimientos históricos y conmemorar las proezas de las tribus y sus caudillos. A fuerza de repetir una misma entidad en diferentes actitudes y con múltiples atributos, se fue simplificando su figura hasta llegar a un rasgo simbólico. Asimismo en las pinturas chibchas, en las cuales la rana tenía que representar numerosos accidentes del ánimo, ésta fue perdiendo la complicación de sus contornos hasta llegar a ser formada por líneas rectas que al cruzarse para cerrar la cabeza y el tronco determinaban rombos.

Tres inscripciones del "Adoratorio de Indios" de Ramiriquí.

De la atenta observación de los diversos dibujos que aparecen en las piedras, se deduce el predominio del rombo como elemento fundamental de las figuras principales que en el conjunto de cada uno de los asuntos pudiera considerarse como sujetos de la oración. Un rombo con cabeza, ora con brazo, ora con patas, en señal de acción, aparece casi siempre con cierta y definida principalía en los jeroglíficos chibchas. Y si se estudian las múltiples derivaciones de esta forma geométrica, se llega fácilmente a la conclusión de que la rana, representación del alma muisca y alimento del Sol, es su generatriz.

Con efecto, representada la rana por medio de líneas rectas, con su cabeza, su dorso y sus patas, resulta la sucesión de tres rombos unidos por los vértices, como se ve en la figura de la página siguiente, la cual se encuentra mil veces en los petroglifos chibchas, repetición que lógicamente se justifica, por otra parte, considerada la importancia fundamental de este mito en la psicología de los indios.

Como primera consecuencia de la transformación romboidal de la rana, se deduce la tendencia de los artistas chibchas hacia las formas geométricas rectilíneas para todos sus adornos y para la representación ideológica de la mayor parte de los objetos que presentan, no solamente en las piedras pintadas, sino también en las mantas, en las joyas y en la cerámica. Así la mayor parte de los objetos encuentran en el convencionalismo chibcha su equivalencia geométrica, la cual no es difícil encontrar para un observador sagaz. Aquello parece de ritual en las piedras sagradas y puede servir de guía en la futura interpretación de sus inscripciones.

Concretándonos a las variantes que ofrece la rana según su significado íntimo, la encontramos presidiendo casi todos los dibujos, como si de ella dependiera o a ella se refiera el concepto misterioso que contienen. Por ejemplo: un rombo pequeño unido a otro más grande con ciertos adornos, es la imagen de una mujer, cuya categoría y situaciones de ánimo se descubren por la expresión de la figura; el acce-

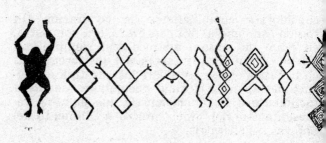

Transformaciones sucesivas de la rana en la gráfica chibcha.

sorio no siempre indispensable de los brazos y de las piernas, así como algunos complementos simbólicos de la industria, prestan al jeroglífico la actividad del individuo a quien representan. Una serie de rombos, de algunos de los cuales arrancan brazos y manos, como para no dejar dudas al respecto de su vitalidad, representa la familia o la estirpe. A veces el rombo que forma la cabeza tiene un punto central, como si fuera el ojo o la boca; otras veces el punto aparece en el rombo del medio, para indicar el ombligo o el sexo. Suelen los dos o tres rombos representativos del hombre, circunscribir una serie concéntrica de rombos, lo que parece indicar una multitud, pueblo o nación. En la región de Sibaté hay una figura solitaria, en la piedra llamada "de los destierros", son siete rombos concéntricos, de cuya cabeza arrancan tres rayos en forma de potencias; tal se nos antoja la divinización del país.

Suele no cerrarse o cruzarse las líneas que pasan de un rombo al siguiente, con lo que consigue el artista comunicar a las figuras elegantes y expresivas formas femeniles. En la región de Tequendama, hacienda de la familia Umaña, hay la figura de un monstruo con cabeza como de caballo, según este sistema de representación, con un niño al pie, la cual parece recordar la fábula de la madre Bachué.

En suma, por el empleo de estos signos, cuya variedad sería largo enumerar, se ve claramente el principio de la escritura ideológica por medio de símbolos. No está, pues, mal empleado el nombre vulgar de "Jeroglífico" dado a los dibujos de las piedras pintadas, ni es errónea la creencia muy generalizada de que los indios chibchas usaban esta forma de escritura, no obstante lo que en contrario y sin ningún discernimiento dijeran los cronistas, quienes como queda suficientemente demostrado, eran muy poco observadores.

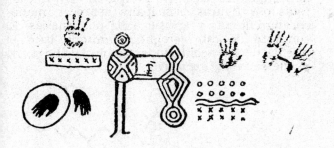

Representación de la conquista española.

Sea porque el ritual de las piedras sagradas restringiese los asuntos representables en ellas, sea que los elementos de que disponemos (iniciado apenas por nosotros este género de estudios en Colombia) resulten muy deficientes para la interpretación, es el caso que además de los que atrás quedan esbozados, son muy pocos los jeroglíficos sobre cuya traducción nos atrevemos a hacer un ensayo sobre las bases de interpretación establecidas.

Unicamente como ejemplo presentamos a continuación dos casos fáciles, para que se vea claro el sistema de escritura de los Chibchas por medio de signos ideológicos convencionales o jeroglíficos.

Ambos fueron tomados por nosotros de una de las piedras de Facatativá. El uno al parecer es contemporáneo de la Conquista, pues en él se ve un soldado imponiéndole el sometimiento a la Nación Chibcha. Forma la figura principal un hombre de pecho circular cruzado con correajes al estilo español, parado sobre dos largas piernas rectilíneas y coronado por una cabeza redonda también, de círculo y punto concéntricos, de cuyo abdomen arrancan dos brazos con los que imponen sus manos sobre la figura de rombos concéntricos, representativos del pueblo chibcha, la cual está de pie, a la vera de sus cultivos y caseríos, por en medio de los que circula el río Funza. Al contorno de estas dos figuras principales aparecen manos ensangrentadas y aprisionadas por esposas. El conjunto de este jeroglífico, mirado bajo el prisma de los acontecimientos de la época, no puede ser más expresivo.

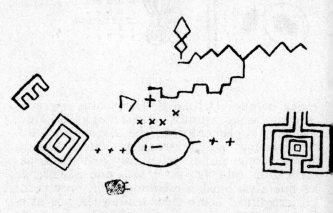

Conmemora las abluciones del Soberano.

El otro parece indicar el itinerario que seguiría el Soberano para trasladarse a la laguna sagrada donde se daba las abluciones del ritual, según la leyenda de "El Dorado". Se comprende allí que había necesidad de transmontar la serranía que separa la altiplanicie del sitio de recreo, en uno de cuyos boquerones de paso

248

aparece un guardián, formado por los dos rombos representativos del hombre, y a orillas de la laguna están la piedra de los sacrificios y el plano del palacio real. Por medio de crucecitas y de cortas rayas se indican la entrada y salida y los pasos regios de la ceremonia.

En un gran número de piedras la imaginación provoca a interpretaciones aventuradas, las cuales no es conveniente acometer sin fundamentos como ha solido hacerse, para no difundir errores que al llegar a popularizarse es muy difícil desarraigar. Cuán difícil es hoy, por ejemplo, quitarle a la rana chibcha su papel de precursora de lluvias en el almanaque que le atribuyó el Canónigo Duquesne, o de señal de desagües que le atribuyó el doctor Manuel Ancízar, ambos sin fundamento.

CAPITULO VII

DISPERSOS INDICIOS DE ESCRITURA

Todos los cronistas e historiadores de la Conquista están acordes en declarar perentoriamente que las más adelantadas naciones indígenas de América ignoraban el arte de la escritura fonética.

Sin embargo, en el vocabulario chibcha del Padre Lugo, profesor de gramática para uso de españoles, aparece la palabra *ioquezecubunsuca* como equivalente a *leer*. El análisis del vocablo, de raíces netamente indígenas, demuestra, no obstante, que los Chibchas tenían idea clara de la escritura en pergamino, de donde debió resultar la consecuencia de la "lectura en pergamino", que es lo que expresa aquella palabra, descompuesta en sus partes constitutivas: *ioque* significa "pergamino"; *ze* es el pronombre de primera persona que se antepone a los verbos, los cuales terminan en *suca*, y "lenguaje" se decía *cubun*. De modo que traducida literalmente la palabra *ioquezecubunsuca* equivale a la frase "yo hablo en pergamino", lo que tanto podía significar, *leer* como escribir en pergamino.

Pudiera alegarse que dicha palabra fue un neologismo formado con posterioridad a la Conquista, en presencia del acto, poco frecuente entonces, ejecutado por los escribanos españoles, quienes ya no escribían en pergamino sino en papel. El nuevo arte, sin embargo, a causa de no ser de uso popular, no merecía carta de naturaleza en el lenguaje vulgar de los indios. Además, las palabras correspondientes a ideas nuevas que los españoles introdujeron entre los indios, fueron acogidas sin variación perceptible alguna, o por lo menos conservaron sus etimologías originales, como *dios, iglesia, confesión, caballo* y muchas otras.

Como un motivo de distinción entre el acto de escribir en pergamino y el de dibujar en rocas, existían las palabras *chihyscua* y *chihyca*, "Pintar" y "pintor", en las cuales entra como corresponde la palabra *hyca*, "piedra". Es sorprendente, sin embargo, que se hayan encontrado escritos por el sistema de jeroglíficos en piedras y en barro cocido y nunca en pergamino. En los sepulcros antiguos se han encontrado fragmentos de telas, algunas de finísimo tejido, en las cuales es de presumirse que hubieran podido escribir los indios, si hubieran sabido hacerlo.

Embargado el ánimo por esta incertidumbre, se le presenta al anticuario, como una prueba positiva más, en la piedra de Pandi la imagen de un manuscrito entre las varias ofrendas que allí parecen tributarse al Sol. Ocupa esta ofrenda lugar muy prominente y está dibujada dentro de una especie de hoja papiro, en señal de que el autor de esa notable jella está dividida en seis cuadratines, cada uno de los cuales encierra dos signos cursivos, de tan limpios perfiles que hacen desaparecer la hipótesis de que pudieran ser el resultado del capricho casual del pintor. Nueve de las veinticuatro letras del alfabeto griego descubre allí el ojo maravillado del observador(1). Esos nueve signos, puestos

_____

(1) En un estudio del jeroglífico de Pandi, publicado en "Cromos" (números 255 y 258), atribuye el señor Darío Rozo la inscripción paleográfica a Sacarus, emigrante español del siglo VIII, a quien puede confundirse con el civilizador Nemqueteba.

en línea, puede compararlos detenidamente el lector en la figura adjunta, para que les busque sus equivalencias.

Letras griegas del jeroglífico de Pandi.

Además de estas letras griegas, puede el observador encontrar en el jeroglífico de Pandi los siguientes caracteres latinos o en vía de transición: una letra *F* en la cabeza del pájaro que está a la izquierda; algo como la sílaba *NA*, sobre otro marco que hay al lado del papiro, y las cifras *IINI*, al pie de este mismo marco. Encabeza este marco una agrupación regular de cuatro signos netamente chibchas, de carácter paleográfico que luego se repiten en muchas piedras pintadas. La doble *C* recíproca, en forma de *X*, disfruta de especial principalía dentro de otros dos marcos al pie del pájaro. Este signo es muy notable, porque aparece como una característica persistentemente en muchas piedras, tanto chibchas como caribes, desde la inscripción que hay sobre el río San Sebastián, en Puerto Cabello que ya conoce el lector, hasta las que hay dispersas en el territorio de los Panches.

En presencia de estos indicios evidentes, ocurre preguntar si ¿en algún tiempo los Chibchas sabían escribir, y si por un proceso de generación para la época de la Conquista estaban volviendo al sistema de los jeroglíficos, quedando en ellos un vestigio de antiguos conocimientos? El hecho evidente que fatigará a los arqueólogos, es que aparecen en las piedras pintadas ciertas agrupaciones de signos que los pintores de ellas ordenaban con alguna intención psicológica, siguiendo un plan mental, del cual es preciso descubrir la clave para reconstruir el pensamiento generador.

Bajo la sugestión de esta sospecha se adivina en aquellas agrupaciones metódicas el embrión de un sistema propio de valores gráficos, análogo a lo que en la nomenclatura fonética se designa con el nombre de abecedario, cuya radícula es el hombre estilizado, así como en el sistema de jeroglífico puro está demostrado que la radícula original es la rana geométrica. El proceso psicológico que sirvió para la transición del uno al otro sistema de representación gráfica del pensamiento, ha debido ser el mismo en todas las familias humanas. En efecto, la forma geométrica del mono a que los Chibchas llamaban *muyzca o muyhisca* (persona o figura de cinco puntas) aparece enteriza o descompuesta en sus partes constitutivas en muchas inscripciones de aspecto paleográfico. Otro tanto puede observarse en las antiguas escrituras de los Chinos, donde se pone de manifiesto exactamente la misma figura del mono u hombrecillo estilizado, como si fuera la generatriz de este sistema asiático de antiquísima escritura. Nuestro inteligente compatriota, el joven José María de Mier, aficionado a este género de estudios, encontró en comprobación de esta teoría en el museo Carnavalet de París, un antiguo manuscrito chino, titulado *Kon-go Hamgnia Hazamita-hío,* del que entresacó para mandárnoslo, entre muchísimas figuras semejantes, las que aparecen en el grabado adjunto, en las cuales se descubre la ridícula gráfica del mono.

En las piedras de los Chibchas, de cuyos dibujos ha formado el autor de este libro un copioso álbum, también aparecen la misma figura matriz y sus derivados. Allí se encuentra completa, como un hombrecillo con sus piernas y brazos abiertos; con los brazos únicamente y la cabeza en posición lateral, como una E; en postura horizontal y sin cabeza, como una H; con brazos y piernas atrofiados, como una I;

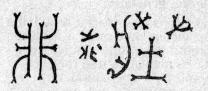

con sólo la columna vertebral y la pierna derecha medio doblada, como una *h* minúscula; y con otras supresiones, otros a g r e g a d o s y o t r a s posturas, para las cuales no hay en nuestro alfabeto símil. Para formarse idea de alguna de ellas, véase la colección de la figura adjunta, entresacada de nuestro álbum. Para no estar por ahora en oposición, sin mayores fundamentos, con todos los cronistas, puede aceptarse la hipótesis de que estos rasgos de apariencia paleográfica, así los derivados de la rana, como los derivados del mono, son meros jeroglíficos de valores invariables, empleados para expresar en desintegración, los atributos, de las entidades de que provienen. En todo caso, son símbolos representativos en

Descomposición alfabética del mono.

un sistema rudimentario de escritura que tiende a evolucionar. Como resultado de esta evolución pueden exhibirse muchas inscripciones chibchas; pero nos conformamos con presentar como ejemplo la que aparece en una de las piedras de Ramiriquí y la que existe aislada en las rocas de Casablanca, en Madrid (Serrezuela) reproducidas en la figura siguiente:

Inscripción paleográfica chibcha.

Con motivo de la publicación de estas figuras en *El Gráfico,* escribió el señor doctor Cayo Leonidas Peñuela, Canónigo de la Catedral de Tunja y persona muy erudita en achaques de Historia, una carta al autor de este libro, en la cual le dice que hojeó en una librería de París, cuyo nombre ha olvidado, un álbum de jeroglíficos existentes en las costas de Africa, muy semejantes a los de los petroglifos dispersos en el territorio chibcha. Atribuye el Canónigo Peñuela dichos dibujos a los Fenicios, colonizadores de aquellas costas. Esta es una presunción nueva, agregada a las muchas que manifestaron los cronistas de la Conquista, fundados en otros indicios, de que los Fenicios colonizaron en nuestro territorio. Si fuera dable a los americanistas, por medio de un formal estudio comparativo de unas y otras inscripciones, establecer el vínculo mental entre Chibchas y Fenicios, cuánta luz arrojarían sobre la prehistoria colombiana!

Ya el doctor Narciso Alberti desde 1908 hizo conocer las semejanzas sorprendentes que existen entre las inscripciones de las cavernas de

"La Guácara", en la República de Santo Domingo, y alguna de origen fenicio que publica el conde Vogüé en la obra *Inscriptiones semitiques*. En el artículo escrito sobre esta materia por el doctor Alberti para *Hojas Selectas* de Barcelona, inserta una carta de Colón para los reyes católicos, de la cual destaca el siguiente párrafo, para demostrar que es muy vieja la sospecha de que las razas semíticas colonizaron en la Isla Española: ... "Ni a decir cosas que usaren grandes príncipes en el mundo para crecer su fama, así como Salomón que envió desde Hierusalen, en fin de Oriente, a ver el monte Sophora, en que se detuvieron los navíos tres años, el cual tienen Vuestras Altezas agora en la Isla Española...". Entre las varias confrontaciones del orden gráfico que hace el doctor Alberti, nada que convenga tánto al propósito del presente capítulo como la comparación de la figura del mono expuesta en las piedras chibchas con una perfectamente análoga que aparece en la inscripción número 188, lámina 28, Wadi-el- Chaerz, de la Siria Central, reproducida por el conde Vogüé en su libro. De lo cual se deduce que aquel emblema antropomórfico, radícula de muchos signos usados por los Chinos en sus inscripciones, tiene su filiación entre aquellos pueblos que inventaron el arte de la escritura fonética (1).

Según los orientales, los Griegos aprendieron este arte de los Fenicios, de cuyo abecedario hizo Cadmo la propaganda en la península he-

---

(1) Es pertinente observar que desde tiempos muy remotos se dio en llamar **chinos** en el Nuevo Reino a los indiecillos de corta edad, probablemente por la semejanza fisonómica que hallaron los españoles entre los habitantes de esta altiplanicie y los súbditos del Celeste Imperio. En comprobación puede verse en la página 303, Vol. II, de las **Noticias Historiales**, cómo el Padre Simón califica así a una joven favorita del Cacique Meicuchuca de Bogotá que lo tenía encantado. La costumbre ha subsistido hasta nuestros días.

lénica. La paleografía fenicia sufrió un largo proceso evolutivo al calor de la fantasía griega, hasta llegar a la forma definitiva del alfabeto que civilizó el mundo antiguo. Como un paso de transición presenta Maspero el abecedario arcaico de Thera, el cual puede consultarse a la página 811 de la *Historia antigua de los pueblos de Oriente,* para comprobar la identidad de casi todos sus signos con los rasgos de las piedras chibchas. Por la reminiscencia que esas reproducciones causan de una civilización olvidada, se explica la presencia de los signos griegos en la piedra de Pandi.

Como para desconcertar a quienes siguen las sentencias de los cronistas como dogmas indiscutibles, van apareciendo en diversas regiones de Colombia piedras con inscripciones cada vez mejor definidas en su aspecto paleográfico, las cuales tienden a desautorizar la aseveración de que los indios de América no conocían el arte de escribir (1).

En Cali, en el Valle del Salado, hay varias inscripciones indígenas en el sitio que ocupaba la *Niña de Remedios,* descifradas las cuales pondrían en claro una primorosa leyenda caucana.

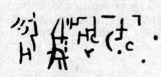

Piedra grabada de Cúcuta, en estilo chinesco.

En la figura "Piedra de los Funerales" de estos apuntes, correspondiente a una piedra panche, encontrada a inmediaciones del río Calandaima, en el Municipio de El Colegio, puede observarse una inscripción netamente alfabética de once letras.

A la Academia Nacional de Historia remitió de Cúcuta el señor José Jacinto Martínez la co-

---

(1) Fue tal la incomprensión de los conquistadores y de los primeros colonos españoles, que no acertaron a saber el nombre que los naturales le daban al país.

pia fiel de una inscripción de estilo chinesco grabada en una roca granítica, encontrada por él en la Villa del Rosario.

En los raudales del río Ariari encontró el señor don Luis Convers, en una excursión que hizo en 1890 en busca de minas de oro que según numerosos indicios explotaban los Incas, una inscripción tallada en una roca a orillas del torrente, al pie del Nevado del Sumapaz.

Y, para no citar más encuentros, el señor don Ignacio Borda Angulo ha recogido en Duitama un pequeño fragmento de ladrillo babilónico, con una inscripción cuneiforme, compuesta de cinco palabras en línea recta, tallada en alto relieve como un verdadero linotipo, la cual copió cuidadosamente el autor de este libro, por medio de una impresión inversa.

\/1   HH \/   \/1   A/\/⊢   \/\/ Ω

Inscripción cuneiforme en un ladrillo babilónico
encontrado en Duitama.

Por último, se impone con eminente interés el mencionar y matricular, aquí entre las inscripciones trascendentales, una que apareció y desapareció como un meteoro, con el propósito de mensaje misterioso al través de los siglos. El asunto reviste los caracteres de una leyenda fantástica, por el modo romántico como se reveló, por el estilo pintoresco con que fue presentado al público y por el hado fatal que lo hizo desaparecer nuevamente en el arcano del olvido. Por estas circunstancias propicias a la duda, hubimos de buscar comprobaciones a la relación de los datos con que el hecho se presentó a nuestro conocimiento, a fin de reproducirlo como auténtico.

Cuenta ese relato, hecho por el señor don Alfredo Angueyra en carta dirigida al autor, la cual se publicó en el número 528 de *El Gráfico,* correspondiente al 29 de mayo de 1920, que de tiempo atrás se había radicado a orillas del lago de Tota una familia indígena, de contumaces adoradores del Sol, cuya idolatría tenía preocupados a los señores Párrocos de las poblaciones vecinas y que todos éstos procuraban su reducción a la Ley evangélica. Un día del año de 1891 fue llamado por el padre de aquella familia el señor Cura de Tota, Presbítero Lucindo Moreno, quien acudió presuroso creyendo que el indio viejo lo llamaba para confesarse. No se trataba sino de consultarle, como a persona docta, cómo podría el indio en un caso extremo cumplir un fideicomiso de que estaba encargado por sus antepasados, en línea recta de sucesión de varones desde el tiempo de la Conquista, el cual le había otorgado su padre con la promesa jurada de que lo desempeñaría fielmente.

"Pondrás en propia mano este mensaje al Sumo Pontífice de Sogamoso o se lo transmitirás a tu hijo mayor con igual encargo", le había dicho su padre a la hora de su muerte, y le había entregado un objeto advirtiéndole que se habían expedido en su remoto origen tres ejemplares iguales, por si dos de ellos llegaban a extraviarse. El momento de la muerte se aproximaba por instantes para este último portador del misterioso encargo, y no estando restablecido, como lo esperaba para algún día, el Sumo Sacerdote del Sol, ni teniendo hijo varón a quien encomendárselo, era necesario pedir consejo al señor Cura a fin de solucionar el conflicto.

Creyendo torpemente que se trataba de alguna joya de valor material, el Presbítero Moreno sedujo sin dificultad al infeliz indígena para que lo hiciera su depositario; pero sufrió una gran desilusión, según refirió después, cuando vio que la flamante prenda no era sino una bolita de arcilla cocida, perfectamente esférica, de unos cuatro centímetros de diámetro, pulimentada hasta la brillantez y de color de chocolate, con unos signos incrustados en la superficie, de un barro de color amarillo cromo. Tal era el mensaje.

Traída la bolita a Tunja, fue objeto de la curiosidad de muchas personas, quienes con el mismo criterio de los hombres de la Conquista, pretendían ver en ella la clave para encontrar el tesoro de Suamox. El sabio ingeniero don Basilio Angueyra recordó que el Presbítero Pedro Antonio Vezga, Cura de Pesca, le había hablado alguna vez de otra bolita semejante que decía contener en su inscripción el itinerario seguido por los indios para ocultar el famoso depósito de oro. El señor Angueyra tomó un cuidadoso facsímil de los jeroglíficos, del cual dio una copia al señor doctor José Manuel Goenaga, persona de grande ilustración en asuntos orientalistas. El señor Goenaga tuvo la amabilidad de disponer desde Europa, lugar de su residencia actual, que se nos entregara dicha copia para publicarla en este libro; pero desgraciadamente, no ha sido posible dar con ella en su desorganizada biblioteca.

El Presbítero Moreno formó en Tunja una pequeña compañía expedicionaria para seguir el fantástico itinerario señalado por el Cura de Pesca; pero se agotó el capital suscrito, en infructuosas exploraciones en el lago de Tota. Desalentado, por último, ante la imposibilidad de enriquecerse a virtud del enigma de la bolita, resolvió obsequiársela al Ilmo. señor Benigno Perilla, Obispo de la Diócesis, quien la puso al estudio del R. P. José Prom, Rector del Seminario Conciliar, para que dictaminara sobre su importancia. Requerido treinta años más tarde el anciano religioso por el autor de este libro, para atestiguar sobre los hechos relatados y sobre el fin que hubiera tenido la consabida bolita, le informó que, después de estériles cavilaciones, la había devuelto al señor Perilla, en vez de remitirla a algún instituto europeo, como lo afirma el señor don Alfredo Angueyra en su carta.

Muerto el señor Obispo, sus bienes pasaron mediante un largo litigio a poder de sus sobrinos Jesús y Benigno Perilla, quienes dicen ignorar el paradero de aquel minúsculo objeto, portador de un misterioso mensaje para el Sumo Sacerdote del Sol, a través de los siglos.

Valga esta última tentativa en busca del secreto del pueblo chibcha, como un apólogo que simbolice la cruel desventura de su sino. El último de los Jeques espera hasta la extinción de su estirpe el restablecimiento del culto máximo, para cumplir una sagrada misión de su raza, e inconsciente del naufragio de sus ideales y de sus dioses, entrega el emblema de un pasado ignoto al representante de una civilización que lo desconoce, tanto como él se ignora a sí mismo.

La incomprensión de los actores de este triste apólogo dejó subsistente el enigma de una civilización muerta, el cual permanecerá, acaso para todos los tiempos, como un interrogante de esfinge en la prehistoria de América.

INDICE

263

Parte III

SEÑALES DE CULTURA MENTAL

3308